아름다운, 남도의 숲길을 찾아서

Searching for Beautiful Forest Paths in Nam-do

아름다운, 남도의 숲길을 찾아서

Searching for Beautiful Forest Paths in Nam-do

손승남 지음

도서출판
디자인

이 책은 2025년 국립순천대학교 잘삶교육연구소 총서 작업의 연구활동으로 수행되었음

프롤로그

평소 자연과 벗 삼기를 좋아하여 2024년 내내 부지런히 발품을 팔아 주말이면 남도의 아름다운 숲을 찾아다녔다. 이른 봄에서 늦가을까지 스스로를 다잡으며 철따라 변하는 숲과 자연의 모습을 사진에 담고, 그때마다 마음속에서 일어나는 소회를 덧붙여 탐방기를 적어 나갔다. 숲에서 생동하는 기운을 얻고, 숲길을 걸으며 살면서 겪는 숱한 고민과 마음의 병을 치유하는 데 도움받은 것만으로도 숲길 탐방은 적지 않은 위로가 되었다. 산에 오르고, 숲길을 걸으며 인간과 자연에 대해서도 맘껏 사유할 수 있어서 사고의 확장 면에서도 나름 자기 향상의 계기가 되었다.

독일의 철학자 하이데거(Martin Heidegger, 1889~1976)는 말년을 숲 속에서 보낸 것으로 유명하다. 독일 남부의 검은 숲(Schwarzwald)에 오두막 하나 달랑 짓고 오직 사유하고, 산책하며 단순한 삶을 몸소 실천하며 지냈다고 한다. 그는 숲 속 생활을 통해 자연과 깊은 교감을 느꼈다. 그는 자연과 숲을 인간을 둘러싼 단순한 환경으로 보지 않고 인간 존재의 근원적인 한 부분으로 깊게 인식하였다. 숲에 들어가 살면서 외부와의 관계도 단절한 채 스스로 자발적 고독을 선택한 것이다.

하이데거는 『존재와 시간(1927)』이라는 기념비적 저작 외에도 1935년에서부터 1946년에 이르는 오랜 기간 동안 『숲길(Holzwege)』이라는 후기 대표작을 세상에 내놓았다. 숲길은 존재의 심연에 대한 탐구를 상징적으로 나타내는 말이다. 숲 속 깊은 곳에 살면서 하이데거는 존재에 대한 물음을 던지고, 그 존재를 가장 깊은 곳에서 조우하고자 하였다. 이 책의 숲길에 대한 아이디어는 철학자 하이데거에게 상당 부분 빚을 지고 있다.

하이데거는 인생 말년에 숲길로 관심을 돌리면서 인간 의식의 좁은 관점을 존재의 광활한 숲으로 넓히고자 하였다. 제한된 인간 의식의 좁은 영역을 넘어 숲길이 우리를 존재의 넓은 세계로 인도할 것으로 보았다. 숲길이 단순히 공간의 확장이라는 의미만을 지니는 것은 아니다. 숲길의 참뜻은 인간 존재의 근원을 자연, 생태계, 우주라는 범위로 확대하여 우리 삶은 물론 존재하는 모든 것들의 의미를 되묻게 해 주는 데 있다.

책 이름에 '남도'라고 붙였으나 이 책에서 한반도의 남쪽 지방을 두루 담지는 못했다. 목차에서 가늠할 수 있듯이 이 책에서 지칭하는 남도는 '전라남도'로 국한되어 있다. 이번 숲길 탐방 프로젝트가 조금이라도 세간의 주목을 받는다면 속편을 기획하여 남도의 범위를 대한민국의 모든 남쪽 지방, 가령 호남지방, 영남지방으로까지 확대해 볼 생각이다.

책 이름에 등장하는 '아름다운' 길에 대한 기준도 사람마다 다를 것이다. 이 책에서는 미적으로 아름다움을 간직한 숲이나 숲길을 찾아 조명하고자 하였다. 외적인 모양이나 형태도 중요하나 내적으로 울림을 주는 숲과 원초적 자연이 살아 숨 쉬는 자연환경도 진지한 고려의 대상이었다. 너무 사람이 몰려 저자거리와 같은 숲이라면, 인적이 드문 호젓한 숲보다는 덜 매력적으로 다가올 것이다. 하이데거가 그랬던 것처럼 숲에 들어가 자발적 고독을 느낄 수 있는 곳이라면 숲과의 깊은 교감을 쌓을 수도 있고, 외부의 어떤 방해도 없이 자기 자신의 내면으로 여행을 떠날 수 있을 것으로 보았다. 실제로 지난 해 가 보았던 숲길은 상당수가 이러한 특성을 잘 간직하고 있었다.

방문했던 숲길이 인근 사찰과 아름다운 조화를 이루고 있었던 점도 언급을 해야 할 것 같다. 아름답고 좋은 숲이 대개 사찰 인근에 자리하고 있었다. 그래서 애초에 책을 기획할 때 <숲, 절, 좋은 삶>이라는 책제목으로 글을 시작했던 기억이 난다. 풍수지리학적으로 명당 지역에 자리를 잡고 있는 절터와 인근 숲이야말로 걷기도 좋고, 마음 수양에도 더없이 좋다. 휴일이나 무심 때 인근 절을 자주 찾는 이유이기도 하다. 이 책에도 강진 백련사, 해남 대흥사, 구례 천은사, 순천 선암사, 순천 송광사, 화순 만연사, 곡성 태안사, 화순 유마사와 같은 전라남도의 고즈넉하고 유서 깊은 사찰이 여럿 등장한다. 사찰에 들어가 부처님을 만나 합장하면서 소원을 비는 일도 중요하지만, 사찰 인근의 명산과 광활한 숲의 품 안에서 호연지기를 키우고, 자비로운 마음을 기르는 일도 결코 소홀히 할 일은 아니다.

지난 해 여정이 장흥 억불산 무장애길에서 시작하여 월출산 기찬묏길로 끝난 것도 흥미롭다. 두 발로 오르지 않고서야 500m가 넘는 산을 장애와 턱이 없는 길로 오를 수 있다는 상상을 할 수 있었을까? 억불산을 오를 때, 숲의 품속을 관통하며 지그재그로 이어지는 무장애길을 통해 거의 정상에 도달했을 때의 기쁨을 지금도 잊을 수 없다. 월출산 바윗길로 힘겹게 정상을 두어 차례 오른 적은 있으나 산 아래에 월출산의 정기를 흠뻑 느낄 수 있도록 기찬묏길이 잘 닦여 있는 줄은 직접 가보기 전에는 전혀 몰랐다. 숲길 탐방 마지막에 내 나이와 신체 능력에 맞게 명산과 교감할 수 있는 기회가 주어져 한 해를 무탈하게 마감할 수 있었다.

무엇보다도 지난 해 소설가 한강이 노벨문학상을 받았을 때 태안사 조태일 문학관에서의 체험은 어떤 '계시'라고 밖에 달리 설명할 길이 없다. 문학관 내부에 노벨문학상 수상자 사진을 연도별로 진열해 놓았는데, 마지막 사진 칸에 빈 여백만 있고 그 아래 태극기만을 선명하게 남겨 놓아 미소를 머금고 나온 적이 있다. '우리나라에서 다음번에 노벨문학상을 받는단 말인가?' 다소 허황하다고 생각하며 문학관을 나왔다. 그런데 태안사를 방문한지 며칠 뒤에 작가 한강이 노벨문학상을 수상했다는 소식을 들었다. 태안사 조태일 문학관의 전시와 한강 노벨문학상 수상 쾌거 소식이 교차하면서 나는 여러 번이나 '이게 실화냐'를 마음속으로 외쳤다. 이 벅찬 감동은 지금도 어떻게 표현해야 할지 모를 정도로 소중하고 짜릿한 체험으로 남아 있다.

이 책의 출간에 도움을 주신 분들에게 새삼 감사의 인사를 전하고자 한다. 컬러 사진이 많은 책을 흔쾌히 출간해 주신 도서출판 디자인21 이경화 사장님, 초고를 보시고 비전공자인 저에게 용기를 불어 넣어준 국립순천대학교 산림자원학과 조계중 교수님, 초고를 꼼꼼하게 읽고 다듬어주신 교육학과 박사과정의 허경희, 서경숙 선생님과 교육대학원 이소진 선생님께 진심으로 고맙다는 말씀을 드린다.

2025년 여름

향림골에서

손승남 씀

차례

1.

장흥 우드랜드와 억불산 무장애 데크길

▼ 출처: https://www.jangheung.go.kr/tour/attractions?mode=view&idx=35

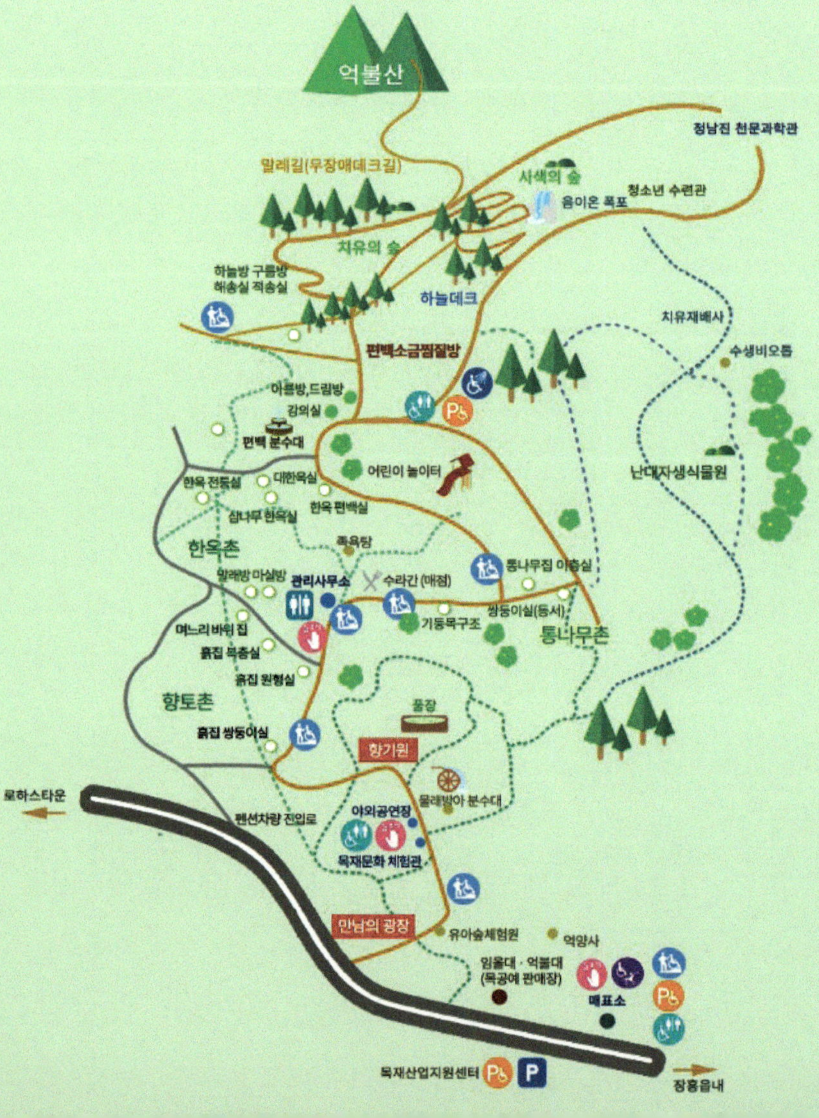

열린관광지 서비스

완만한 경사로
완만한 경사로 진입로와 주요 동선의 단차를 낮춘 경사로로 이동이 더욱 편리합니다.

촉지안내판
시각장애인을 위한 촉지안내도와 촉지벽화를 설치하여 장애인의 편의를 확보했습니다.

장애인전용 주차장
장애인 전용 주차장과 휠체어 이동을 위한 보행통로를 넓혀 이동이 용이합니다.

영·유아 시설
영·유아 동반가족을 배려하여 일반화장실에 영유아거치대와 수유실을 조성하였습니다.

휠체어 대여
휠체어 및 유모차를 대여할 수 있어 편리하고 안전하게 여행하실 수 있습니다.

새봄을 맞아 어디론가 떠나고 싶다. 꽃샘추위로 3월 들어 이틀을 꼬박 집에서 지냈더니 몸이 근질거렸다. 3월의 셋째 날, 날이 풀리고 서서히 해가 들기 시작한다는 예보에 집에 쉬는 동안 미리 갈 곳을 정해 놓은 상태였다. 그런데 내가 향하고자 했던 해남 대흥사 쪽이 정오 무렵까지 비가 내린다는 예보를 접했다. 아침 6시에 일어나 준비하다가 8시에 다시 잠을 청했다. 10시 반이 넘어 일어나자마자 차를 서쪽으로 몰았다.

순천을 지나 벌교와 보성을 지날 때까지 그냥 흐리기만 하던 날씨가 변덕을 부리기 시작했다. 장흥에 들어서자마자 빗줄기가 점점 굵어졌다. 이 빗속에 굳이 해남까지 가야하나, 생각이 들었고 장흥 IC가 보여 일단 장흥 읍내로 가서 날씨 상황을 지켜보기로 했다. 12시가 가까워지자 정남진 시장 근처에서 점심을 해결하는 것이 좋을 것 같았다. 인터넷으로 검색해 보니 시장터에 곰탕 맛집이 눈에 들어왔다. 유명인들 사인이 잔뜩 걸린 모양새가 3대에 걸쳐 곰탕을 끓여 온 내공이 엿보였다. 다른 맛집을 찾을 것도 없이 곧바로 식당을 찾아 들어갔다. 소박한 상차림이었지만, 국물은 깊고 진한 맛이 일요일 아침 속을 달래기에 충분했다. 식사를 마치고 나오는 길에 한우프라자에 들러 꽃등심 한 팩을 샀다. 이곳의 시장이 한우와 표고버섯으로 유명하다는 사실을 익히 알고 있는 터라 그냥 지나칠 수 없었다.

▼ 억불산 정상 표지석

점심을 먹고 나니 커피와 디저트 생각이 절로 났다. 잽싸게 인터넷으로 검색을 해 보니 장흥읍 근처의 카페들이 나를 유혹했다. 일요일 휴무 여부와 읍내에서의 거리를 고려해 우드랜드 근처 카페로 마음을 정하고 차를 몰았다. 카페 사장님은 나이가 지긋한 분이셨고, 커피에 일가견이 있는 듯 보였다. 에티오피아와 콜롬비아산 커피를 블랜딩해서 산미가 두드러지는 '오늘의 커피'를 사장님이 추천해 주셨다. 나는 여기에 디저트로 로터스 쿠키를 곁들였다. 커피를 마시면서 우드랜드를 통해 산 정상까지 갈 수 있는지 사장님께 여쭈었다. 산행이 가능하다는 말씀에 내 마음은 해남에서 장흥 우드랜드로 급선회하였다. 애초에 해남을 가고자 했던 이유도 대흥사 초입의 숲길을 걷고 싶어서였기에, 나의 원초적 욕구는 여기서도 충분히 충족될 수 있으리라 여겨졌다. 게다가 내 눈앞에 우뚝 솟아 있는 억불산(518m)이 나를 오라고 손짓하고 있지 않은가.

커피를 마신 뒤 등산화와 배낭을 차에서 꺼내 등산차비를 한 후 본격적으로 숲길 탐방과 산행을 하기로 하였다. 우드랜드 매표소에서 입장권을 끊고 들어갔으나, 이정표가 없어 숲으로 들어가는 길을 찾지 못하고 한참을 헤매다가 그곳에서 일하는 직공들의 조언을 듣고서야 제 길로 들어섰다. 편백 나무숲은 정말 장관이었다. 숲을 따라 나무 데크로 이리저리 길을 연결해 놓아서 숲속 나라에 들어온 듯한 느낌을 받았다. 공기도 좋고, 머리속까지 맑아지는 느낌이 들었다. 이렇게 좋은 곳을 이제야 찾아오다니 홀로 되뇌며 사람 없는 숲길을 마냥 신나게 걸었다. 신기하게도 데크길을 따라 걷다 보니 계단 하나 밟지 않고 산 정상까지 오를 수 있도록 설계되어 있어 놀랐다.

숲길마다 테마 산책로를 마련해 두어 흥미를 자아냈다. 특히 '사랑의 오솔길'은 숲속에서 사랑의 소중함을 다시 한 번 생각해 볼 수 있는 기회를 주었다. 사랑은 가장 고귀하고 값진 것이면서도 우리가 물과 공기의 소중함을 매번 느끼지 않고 지나치듯 사랑 또한 그렇게 여기지않았는지 돌아보게 하였다. 이 숲에서는 사랑의 의미도 에로스 차원을 넘어서 아가페의 수준까지 승화되는 신성함이 감지된다. 자기애에서 시작된 사랑이 가족, 친구, 이웃에 대한 사랑으로부터 나아가 점점 자연, 우주에 대한 사랑으로까지 확대되는 그런 느낌말이다.

▲ 사랑의 오솔길 입구

사랑의 오솔길 안에는 사랑을 나타내는 다양한 조형물들이 우리를 반긴다. 사랑을 형상화한 등받이가 있는 의자를 비롯해 영어로 '아이 러브 유'를 나타낸 작품도 눈에 들어온다. 위로는 안이 텅 빈 사랑의 표식과 아래로는 빨간색으로 속을 꽉 채운 사랑의 표식을 맞대어 사랑의 '텅 빈 충만'을 역설적으로 표현하고 있는 작품도 인상 깊다. 이 길은 왠지 연인끼리, 부부끼리 손을 맞잡고 천천히 걸어야 할 것 같다. 언젠가 나의 아내 아네스도 이 길에 초대해 함께 걷고 싶다. 그녀는 이 길에 들어서자마자 탄성을 지르며, 연신 사진을 찍느라 분주하게 움직일 듯하다. 너무 좋다, 라는 말을 무한 반복하면서 사랑의 작품들을 눈으로, 마음으로 품 안에 꼭 담을 것이다.

▼ 숲속에서 만난 계곡

▼ 숲길에서 만난 시화

숲길을 따라 걷다 보니 데크길이 완만한 경사를 이루며 산정으로 이어지고 있었다. 오르면서 분수대도 지나고, 계곡과 인공으로 조성된 자그마한 폭포도 만났다. 걷는 내내 자연의 본 모습을 살리면서도 단조로움을 줄이려는 노력을 많이 했다고 생각했다. 전에는 인공섬, 인공계곡 등 인공으로 조성된 것들에 대해 다소 반감을 갖고 살아왔으나 나이가 들면서 좀 더 너그러워진 나 자신을 발견하게 된다. 자연을 애써 닮으려는 인간의 노력을 폄하 하지는 말자. 그런 노력이 자연의 본성을 심각하게 파괴한다면 모를까 그렇지 않고서는 조성된 자연도 시간이 흐르면 자연의 일부가 되는 것이니 지나친 경계를 두지 말자는 것이다. 적어도 우드랜드의 계곡과 폭포는 나에게 마치 캐나다의 깊은 숲에 온 듯한 착각을 불러일으킬 정도로 큰 감흥을 안겨주었다.

산정으로 오르는 입구에 드문드문 놓인 시화詩畫가 걷는 이의 눈길을 끌었다. 정화된 마음으로 시를 읽고, 총천연색 색감으로 형상화된 시화를 바라보면서 그리운 날의 추억과 그리운 사람을 떠올려 보았다. 서정시를 잊은 지 오래되었으나 숲속에 놓여 있는 시화들이 내 안의 아날로그적 감성을 하나하나 끄집어내 주었다. 이렇게 숲과 시가 어우러져 나를 치유해 주는구나, 라는 생각이 들었다.

커피를 좋아하는 나로서는 커피에 관한 시 한 편에 절로 미소가 지어졌다. 단 몇 줄의 정선된 언어로 사람의 마음속 깊이 스며드는 시의 매력에 다시금 빠져들게 되었다.

당신은 아메리카노 커피
나는 라테 녹차

늦도록 이야기 나누며
눈이 붓도록 밤을 지샙니다.

무장애 데크길을 따라 산정에 오르는 발길은 가볍기만 했다. 코로나 시기에 험난한 산들을 여러 차례 오른 경험으로 볼 때 내가 지금 걷고 있는 이 길은 탄탄대로 그 자체였기 때문이다. 발걸음이 가벼워서인지 콧노래가 절로 나왔다. “봄이 오면 산에 들에 진달래 피고, 진달래 피는 곳에 내 마음도 피어”하는 가사를 나도 모르게 흥얼거렸다. 그러다가 문득, 구름 낀 흐린 날씨로 산 아래 풍광을 제대로 보지는 못했지만, 장흥의 너른 들과 저 멀리 아련한 바다를 보다가 옛 노래가 떠올랐다. 바로 ‘노래를 찾는 사람들’의 ‘산하’였다. 늦겨울과 초봄 사이에 딱 어울리는 그런 노래가 자연스레 생각난 거였다.

산하♬

겨울 가고 봄이 오면 아지랑이 피어오르는
길게 누운 이 산하는 여윈 몸을 뒤척이네
피고 지는 내 얼굴에 터질 듯 한 그 입술에
굵은 비가 몰아치면 혼자 외로이
끝도 없는 긴긴 밤을 살아가는 나의 산하

하얀 고개 검은 고개 넘어가는 아리랑 고개

눈물 타령 웃음 타령 휘어 감는 사랑노래
피고 지는 내 얼굴에 터질 듯한 그 입술에
굵은 비가 몰아치면 혼자 외로이
끝도 없는 긴긴밤을 살아가는 나의 산하
<노래를 찾는 사람들 1집 수록곡>

숲길을 걸으며 나무와 새, 시와 그림을 벗 삼아 노래까지 흥얼거리며 해발 518m의 억불산에 올랐다. 날씨가 흐려 전망은 잘 보이지 않았지만 겨우내 잘 버텨온 산과 들이 새삼 대견하게 느껴지는 산행 길이었다.

▼ 장흥 우드랜드의 편백 숲

2.

강진 백련사에서 다산초당 가는 숲길

▲ 백련사 동백나무 숲

강진은 언제나 다산 정약용을 떠올리게 한다. 유배지에서 그토록 많은 저술을 남긴 것도 위대하지만, 다산은 강진을 요즘 언어로 핫플(영어 'hot place' 줄임말)로 만든 장본인이다. 다산초당과 다산기념관을 몇 차례 찾은 적은 있으나 매번 산행은 초당에서 시작하여 백련사를 둘러보고 돌아가는 코스였다. 이번에는 애초에 출발점을 백련사, 그것도 봄에 절정을 이루는 동백꽃에 초점을 두었다.

▼ 백련사에서 다산초당 가는 길 안내판

백련사 오르는 길목에 동백나무 숲이 장관을 이루고 있었다. 초봄이지만 동백나무의 초록 잎이 푸른빛을 뽐내고, 연분홍 동백꽃은 수줍은 듯 얼굴을 내밀고 있다. 작년 겨울 제주 동백수목원에서 보았던 화려한 동백이나 오래전 보았던 여수 오동도의 선홍빛 동백과는 사뭇 다른 인상을 풍겼다. 동백 잎 사이에 숨어있는 그 작은 동백꽃에서 나는 겸양의 미덕을 배운다. 자기를 들어내지 않으면서도 다른 색으로 동백 숲의 조화에 일조하는 작은 동백꽃이 더욱 사랑스럽게 느껴졌다.

백련사를 한 바퀴 둘러봤다. 백련사에서 절 위쪽으로 만덕산이 위용을 자랑하고 있고, 아래로는 저 멀리 강진만의 고즈넉한 풍경이 한눈에 들어왔다. 산과 바다를 두루 안고 있는 백련사 절터에서 난 문자 그대로 절경絶境의 호사를 누린다. 여기저기 핀 홍매화가 부끄러운 듯 선홍빛 얼굴을 내밀며 손님을 맞아주었다. 이제 갓 핀 홍매화의 상기되고 앳된 얼굴과 한층 부드럽고 따스해진 바람에 실려 오는 봄 내음은 찾는 이의 마음을 설레게 하였다.

2. 강진 백련사에서 다산초당 가는 숲길

백련사 봄 정취를 잠시 맛보다가 원래 의도했던 대로 다산초당까지 이어지는 숲길을 오르기로 했다. 이 숲길은 원래 다산 정약용(1762~1836)과 백련사 주지 혜장 선사(1772~1811)가 교유하던 길이다. 차로, 학문으로, 인간의 정으로 교분을 나누었던 사연이 깊은 길이다.

만덕산은 원래 차밭으로 유명한 곳이어서인지 만덕사 근처에 잘 정돈된 차밭이 자리를 잡고 있다. 정약용의 호인 '다산茶山'이 이곳 만덕산 차밭에서 유래했다는 것을 알고, 나의 무지에 새삼 놀랐다. 다산을 좋아했던 나로서는 그의 사상에 한때 심취한 적도 있고, 학생들에게 교육의 역사를 가르칠 때도 다산의 삶과 사상을 여러 각도에서 이야기 한 적이 있으나 그의 호가 이곳에서 유래했다는 사실을 모르고 있었다. 나는 다만 정약용이 차를 매우 좋아해서 '다산'이라는 호를 선호한 것으로 알고 있었는데, 만덕산을 통해 새로운 사실을 깨달은 셈이다.

▼ 백련사 근처의 차밭

▲ 다산초당 현판

다산이 혜장선사보다 10살 정도가 많았으니 선배 격이었지만 둘은 친구처럼 허물없이 대화하고, 함께 차를 마시며 우정을 나누었다. 인생을 함께하며 격의 없는 대화를 나눌 수 있는 친구가 아쉬운 나로서는 두 사람의 교유가 그렇게 부러울 수가 없다. 어려운 시기에 다산이 버티는 힘도 나이와 신분을 넘어선 고귀한 우정에서 나오지 않았을까. 차뿐 아니라 애주가였던 혜장이 요절하자 다산은 그를 기리기 위해 다음과 같은 만시輓詩를 남겼다고 한다.

"이름은 중僧, 행동은 선비라 세상이 모두 놀라거니 슬프다, 화엄의 옛 맹주여! 논어를 자주 읽었고 구가의 주역 상세히 연구했네. 찢긴 가사 처량히 바람에 날려가고 남은 재, 비에 씻겨 흩어져 버리네. 장막 아래 몇몇 사미승 선생이라 부르며 통곡하네. 푸른 산 붉은 나무 싸늘한 가을 희미한 낙조 곁에 까마귀 몇 마리 가련타 떡갈나무 숯 오골傲骨(오만 방자한 병통)을 녹였는데 종이돈 몇 닢으로 저승길 편히 가겠는가. 관어각 위에 책이 천 권이요 말 기르는 상방에는 술이 백병이네. 지기知己는 일생에 오직 두 늙은이 다시는 우화도 그릴 사람 없겠네."

백련사에서 다산초당으로 가는 길은 산길이 부담스러운 사람에게 적합할 듯하다. 비교적 완만한 경사도를 따라 오르다 보면 어느새 산등성이에 닿기 때문이다. 산등성이 의자에 앉아 쉬면서 만덕산 정상에 오르고 싶은 충동이 일었다. 산정에서 내려다보는 강진만 풍경이 얼마나 아름다울까 상상이 되었기 때문이다. 하지만 다산초당을 가기로 한 처음의 계획을 저버릴 수 없어 오늘은 참기로 했다.

다산초당에서 백련사로 가는 숲길 ▶

산등성이에서 한참을 걷다 보니 다산초당의 건물들이 눈에 들어왔다. 산모퉁이에 자리한 천일각에서 내려다보는 강진만의 풍광이 장관이었다. 동암을 거쳐 마침내 다산초당에 들어섰다. 초당에 마련된 다산의 영정이 나를 반겼다. 몇 해 전에도 그랬듯이 부드러우면서도 인자한 모습으로 다산은 그곳에 단아하게 앉아 있었다. 조용히 예를 갖추고 잠시 다산의 세월을 떠올려 봤다. 유배지에서도 많은 후학들에게 가르침을 주었고, 그들과 함께 전대미문의 저서들을 편찬했던 곳이 바로 이곳이 아니었던가.

3.

해남 두륜산 케이블카와 고계봉 가는 길

▲ 두륜산 케이블카 모습

백련사를 빠져나와 황급히 차를 몰고 해남 대흥사로 향했다. 두륜산을 등반하기에는 무리라고 판단하여 그냥 대흥사 앞에서 점심을 먹고 근처 숲길을 걷기로 했다. 그래도 산의 기운을 느껴 보고 싶어 먼저 두륜산 케이블카에 몸을 실었다. 생각과는 달리 케이블카의 크기가 미니버스만큼 커서 놀랐다. 한꺼번에 많은 사람을 실어 나를 수 있겠구나, 싶었다. 주말이지만 사람이 거의 없었다. 비수기인지, 아니면 한때 소문난 관광지의 유명세가 다한 것인지는 가늠하기 어려웠다. 덕분에 편하게 정상에 오를 수 있었다.

600고지를 단 몇 분 만에 올랐다. 문명의 이기에 놀랄 따름이다. 올라오는 길에 케이블카 정류소와 더 멀리 해남 읍내까지 한눈에 들어왔다. 철쭉으로 유명한 주작산의 모습이 위용을 자랑하고 있었다. 케이블카 상부 정류소에서 고계봉까지는 데크길이 잘 정비되어 있다. 등산을 이렇게 편하게 해도 될까 싶을 정도로 두륜산의 전망을 보면서 편하게 산정 길을 걸었다. 걷는 길목마다 멋진 글귀가 써진 팻말이 있었고, 그 글귀들은 나의 시선과 발길을 붙잡았다. 많은 글귀 중에서 늦겨울과 초봄에 되새겨볼 만한 구절을 찾았다. “만약 우리에게 겨울이 없다면 봄은 그토록 즐겁지 않을 것이다.”

▼ 산정 길의 아름다운 글귀

산정 길을 걷다 보니 우뚝 선 전망대가 한눈에 들어왔다. 안에 들어서니 해남의 맛과 멋을 한눈에 볼 수 있도록 잘 전시가 되어 있었다. 앞으로 가볼 곳을 연신 카메라에 담았다. 언제 다시 올지는 기약할 수 없으나 달마고도를 따라 산행을 하고 싶다는 생각이 강하게 들었다.

전망대에서 해남의 이모저모를 보면서 해남이야말로 진정한 맛과 멋, 풍류의 고장임을 새삼 깨닫게 되었다. 해남은 땅끝과 함께 두륜산 자락에 대흥사, 미황사 같은 고찰을 품고 있는 자연과 문화가 어우러진 곳이다. 이곳에 있는 것만으로도 마음 편안하고, 농산물과 해산물이 풍부하며, 산과 바다가 내어주는 쉼이 있는 곳이니 무엇을 더 바랄 것인가.

전망대에서 해남에 자주 와야겠다는 다짐을 하면서 산정이 있는 고계봉으로 향했다. 두륜산 최고봉인 가련봉이 703m이고, 고계봉이 638m이니 제대로 등산을 하지 않고도 거의 정상에 오르는 셈이다. 날씨가 흐려 인근 진도와 저 멀리 제주도의 형체가 선명하지 않지만, 드넓은 남해 바다와 탁 트인 해남 지역의 산과 들을 함께 조망할 수 있어 호연지기가 절로 생겨나는 듯했다.

▲ 고계봉 정상석

4.

해남 대흥사 앞 장춘 숲길

▲ 출처: https://m.blog.naver.com/sakaman/222915655082

두륜산 케이블카를 나와 곧장 대흥사 입구로 향했다. 자동차를 타고 사찰로 들어가게 되면 매표소를 통과해야 하지만 매표소 옆에 난 숲길은 무료로 개방되어 있다. 대흥사 숲길이 봄에 걷기 좋다는 이야기를 들은 터라 공터에 주차하고 걸어서 들어갔다.

이름하여 '장춘 숲길'은 대흥사 매표소에서 일주문까지 약 4km에 이르는 산책로를 말한다. '장춘長春'은 '나무가 많아 사시사철 푸르고 꽃이 피어 언제나 봄과 같다.'는 뜻에서 유래한다. 실제로 이곳은 두륜산 골짜기를 타고 십 리 숲길이 이어져 물소리, 새소리, 바람 소리가 어우러진 아름다운 길을 선사한다. 수종도 다양하여 소나무, 측백나무에서부터 단풍나무, 벚나무 등 다양한 나무들이 조화를 이루며 숲을 이룬다. 숲길 중간중간마다 쉬어갈 수 있는 벤치가 마련되어 있고, 계곡 위로 목조 다리 등이 조성돼 있어 물, 나무, 다리 등이 어우러져 빼어난 경관을 자랑한다. 녹음이 무성한 여름에 이 길을 걷는다면 시원한 그늘이 주는 청량함이 배가될 것으로 보인다. 자연 그늘에서 숲과 호흡하는 것 자체만으로도 몸과 마음은 저절로 치유될 것이다.

입구에 들어서면 두 개의 길이 나온다. 하나는 등산로 멍석이 가지런히 깔린 탄탄대로의 길이고, 다른 하나는 계곡 바로 옆에서 청량한 물소리를 들으며 걸을 수 있는 돌과 흙으로 된 길이다. 나는 갈 때는 잘 조성된 길로 들어서서 나무의 향기를 맡으며 걸었고, 내려올 때는 시냇가 물소리를 들으며 봄이 오는 소리를 들었다.

▲ 장춘 숲길 흙과 데크길

▲ 장춘 숲길 물소리 길

이른바 물소리 길은 맑은 공기, 단아한 계곡, 청아한 물소리, 새가 지저귀는 소리로 가득 차 있어 마치 한편의 자연 오케스트라를 감상하는 느낌을 주었다. 신선이 노니는 무릉도원이 바로 이곳이 아닐까 하는 상상의 나래를 펴면서 장춘 숲길을 오가며 세속의 번뇌에서 벗어나 몸과 마음이 정화되는 느낌을 온몸으로 실감했다.

5.

광양 백운산 포스코 수련원 둘레길

▼ 백운산 수련원길 안내도

주말 비 예보가 있던 터라 산행을 미루고 있었는데, 눈을 떠보니 햇살이 나를 반기고 있다. 비 온 뒤 청명한 날씨여서 당장 떠나지 않을 이유가 없었다. 아침을 먹고 곧장 광양 백운산 방향으로 차를 몰았다. 가는 길에 보니 오늘 마침 옥룡사 동백나무숲 동백 축제가 열리는 날이라고 한다. 둘레길을 걷고 가볼까 하다 참기로 했다. 평상시라면 조용한 가운데 동백꽃을 완상할 수 있었겠지만, 축제 인파로 가득 차 고요함을 찾을 수 없을 터였다.

코로나 시기에 주말이면 이곳을 찾곤 했다. 숲속 힐링을 즐기기에 최적의 장소로 여겼기 때문이다. 이곳은 집에서 멀지 않을 뿐만 아니라 5km 거리를 1시간 정도 걸으면 기분 전환도 되고, 무리없이 운동 효과도 볼 수 있었다. 입구에 도착하여 차를 주차하고 코스를 훑어보았다. 늘 그렇듯 짧은 코스 대신 긴 코스를 선택하였다.

도시와 평야엔 매화, 산수유가 한창이나 이곳은 산속이라 아직 겨울의 모습이 남아 있었다. 활엽수는 앙상한 가지만 남아 있고, 침엽수도 뾰족한 바늘 침을 바닥에 수북하게 내려놓았다. 마치 봄맞이를 위해 지난 계절의 옷을 새 옷으로 갈아입는 것과도 같이 둘레길 한편의 소나무, 편백나무, 전나무 등은 푸르름으로 새 단장을 하고 있었다.

두 고개를 돌아서면 코스 안내표지판과 조우하게 된다. 긴 코스는 5.5km, 짧은 코스는 3km로 걸음 수로 따지자면 만보 이내로 걷기에 안성맞춤이다. 오늘도 난 긴 코스로 걸었다. 길이 트였다가 편백 나무 숲을 지날 때면 숲 동굴을 만나기도 한다. 백운산에서 흘러내린 물이 계곡을 이루고 있어 근처를 지날 때면 물소리가 청량감을 더해 준다. 가물어서인지 계곡물이 그렇게 많지는 않았다. 하지만 깊은 산 계곡물의 산뜻함은 숲속을 걷는 이에게 정다운 위안을 주었다.

▼ 수련원길 코스 안내 표지판

▲ 탐방 금지 구역 표지판

날씨가 풀리는 줄 모르고 안에 후드티를 껴입고 걷다 보니 더웠다. 내가 항상 쉬어가는 벤치에서 바람막이 안 후드티를 벗어 배낭 안에 넣었다. 준비해 간 물도 음미하며 마셨다. 걷거나 운동하다가 땀이 날 무렵 물 한잔은 꿀맛이다. 잠시 휴식을 취하고 다시 걷다가 '출입금지, 탐방로 아님' 표지판을 만났다. 이 장소를 지날 때마다 호기심과 출입금지 구역으로 가보고 싶은 충동이 발동한다. 과연 저 길로 가면 어디가 나올까? 반듯한 산책로가 있는데 어떤 이유로 금지를 하는 것인지가 몹시 궁금했다 난 '금지된 것을 할 용기'를 갖고 있지 않다. 그럼에도 불구하고 과거에 그 방향으로 가는 몇몇 사람들을 본 적이 있다. 물론 그런 행동을 '용기'라고 표현하는 것은 잘못된 일일 것이다.

▲ 백운산 편백 나무 숲길

백운산 수련원에 조성된 편백 나무 숲은 가히 일품이다. 하늘을 향해 쭉쭉 뻗은 편백 나무의 자태는 백운산(1,222m)의 기상을 그대로 닮은 듯하다. 코로나 시기에 이곳을 찾을 때마다 편백 나무의 반듯함과 하늘을 향해 곧게 뻗은 늠름한 자태를 보면서 많은 위로를 받았다. 늘 그 자리에서 변치 않는 모습으로 서 있으면서도 높은 기상을 향해 묵묵히 나아가는 '자기도야(Selbstbildung)'의 전형을 백운산 편백 나무에서 본 것이다.

한참 걷다 보니 짧은 코스와 긴 코스의 갈림길에 당도했다. 오른편 내리막길로 들어서면 주차하고 산행을 시작했던 지점으로 돌아가게 된다. 왼편 길을 따라 가게 되면 끝에서 백운산 수련원 건물을 마주하게 된다. 난 왼편으로 접어들어 물이 거의 없는 계곡을 지나 트인 길에서 햇살을 쐬다가 황톳길을 쭉 걸었다. 절반을 지나면 대개 무념무상에 접어든다. 적절한 피로감과 조금만 더 걸으면 끝이 나온다는 안도감이 들면서 뿌듯해지기 때문이다.

▼ 갈림길 코스 안내도

이례적으로 차가 오는 소리를 들었다. 아니 이 숲길에 웬 차가 들어온단 말인가. 정황을 살펴보니 채취한 고로쇠 물을 수거하러 온 차량이었다. 하기야 이 숲길을 걸을 때마다 길 산등성이에 커다란 통이 있어 짐작을 하기는 했다. 백운산 고로쇠 물이 유명한데 바로 이런 곳에서 채취한다는 것을 두 눈으로 확인을 하게 되었다.

▼ 고로쇠 물 수집 통

한참 가다가 둘레길 모퉁이에서 희한한 광경을 목격하였다. 바위틈에서 나무 한 그루가 자라고 있는 모습을 유심히 관찰하게 된 것이다. 신기한 것은 바위틈에서 뿌리를 내리기 쉽지 않은 척박한 환경임에도 이 나무는 오히려 큰 바위를 동강내고 부서진 틈 속에 뿌리를 깊이 내린 채 의연하게 자리잡고 있었다. 시간이 지나면서 바위 아래쪽은 풍화를 거듭하여 자갈로, 모래로, 그리고 마침내 흙으로 변모 할 것으로 보인다. 이 강한 나무는 자신의 강인한 의지로 생존에 적합한 환경을 스스로 만든 셈이다. 오늘도 숲길 바위와 나무에서 많은 것을 느끼고 배운다.

▼ 바위 틈 속에서 자라고 있는 나무

백운산
1,222m
매봉삼거리
신선대
한재
참샘이재
도솔봉
등주리봉
형제봉
성불사
성불교
논실
1코스
2코스
3코스
4코스
5코스
진틀삼거리
병암
진틀
상백운암
백운사
옥룡면
현위치
억불봉삼거리
포스코백운산수련관
수련관
헬기장
노랭이봉
용소
백계산
금목재
눈밝이샘
도치삼거리
제비추리봉
백운산
자연휴양림
옥룡사지
봉강면

▲ 백운산 등산코스 안내판

긴 코스의 하이라이트는 아마도 빼곡한 편백 나무와 솔잎이 땅바닥에 떨어져 양탄자와 같은 폭신함을 선사하는 구간이 아닐까 싶다. 난 이 구간을 앞뒤로 몇 차례 오가며 걸은 뒤에야 제 길로 나섰다. 편백 나무가 촘촘히 들어서 있어서 숨을 쉴 때마다 피톤치드가 절로 들어오는 느낌을 받았다.

의식하지 못하는 사이 백운산 등산길 표지가 나오는 지점에 이르렀다. 이곳은 둘레길, 억불봉, 수련원 세 방향으로 길이 갈리는 삼각지다. 나는 매번 여기서 억불봉 길로 오르고 싶은 충동을 강하게 느낀다. 진틀 방면으로 백운산 정상을 오른 적이 두 번 있지만 다른 선택지로 오른 적이 없기 때문이다. 억불봉(997m)을 거쳐 산정으로 오르는 길은 돌아서 가는 길이라 왕복 10시간이 족히 넘을 것 같다. 내 나이와 체력을 고려해 볼 때 억불봉 코스를 택하는 일은 만용이 될 확률이 높다. 지금까지는 잘 절제하며 지나쳐가길 잘했다고 자신에게 칭찬을 건넨다.

숲길 안내판에 백운산 등산로가 6개 노선으로 표시되어 있었다. 산행을 마치고 광양시에서 인터넷에 올려놓은 백운산 등산로를 보니 8개 코스를 제공하고 있다. 1코스는 논실 코스로 한재, 신선대를 거치는 4.9km의 노선이다. 내가 코로나 때 정상을 오를 때 선택했던 길이다. 2코스는 진틀 코스로 병암, 진틀 삼거리를 지나 정상에 도달하는 3.3km 구간이다. 코로나 시기에 하행 길로 택했던 길이다. 그 당시 백운산 정상에 올랐을 때가 점심시간을 훌쩍 넘겨 배가 고파 최단거리를 선택하여 빛의 속도로 내려왔던 기억이 생생하다. 3코스는 용소 코스로 백운사, 상백운암을 거쳐 정상에 오르는 5.3km 구간이다. 4코스는 포스코 수련관 코스로 노랭이봉, 억불봉 삼거리를 거쳐 산정에 오르는 8km 구간이다. 시간으로 환산하면 대략 10시간을 잡아야 완등을 할 수 있을 것이다. 5코스는 성불교 코스로 형제봉, 도솔봉을 거쳐 1코스와 같은 길을 따라 걷는 11.8km의 긴 코스이다. 6코스는 어치 코스로 매봉삼거리를 거쳐 정상에 오르는 3.9km 구간이다. 7코스는 구황 코스로 노랭이재, 억불봉 삼거리를 거쳐 정상에 오르는 10.3km의 구간이다. 마지막으로 8코스는 청매실농원 코스로 쫓비산(538m), 매봉을 거쳐 정상에 오르는 14.6km의 가장 긴 구간이다. 이 길은 대략 8시간 30분이 소요된다고 하니 아주 이른 새벽에 출발하지 않으면 하루 내에 도착하기가 힘들 것이다. 시간이 오래 걸리는 긴 코스를 제외하고 몇 구간은 언젠가는 도전해 볼 생각이다. 다만 의지와 용기는 충만하나 체력이 걱정될 따름이다.

▲ 백운산 포스코 수련원 전경

갈림길에서 너덜길을 잠시 내려오면 백운산수련원 건물을 마주하게 된다. 원래 알프스풍의 산악지대 숙소가 한 동 있었으나 나중에 건너편에 한 동을 새롭게 지었다. 건물 자체만으로도 마치 스위스 알프스 어느 마을에 온 듯한 착각에 빠지게 된다. 목조가 강조된 건물인데다가 주변의 우람 편백 나무숲과 잘 어우러져 이국적인 풍광을 자아내기에 충분하다. 내가 비록 포스코 직원이 아닌 관계로 수련원에서 묵을 수는 없지만 건물 주변의 이색적인 분위기를 즐기고, 수련원 둘레길을 입장료도 없이 어느 때나 즐길 수 있는 것만으로도 행복할 따름이다.

6.

지리산 천은사 천년상생의 길

▲ 천은사 소나무길 초입 전경

지리산 성삼재 오르는 초입에는 천은사가 고즈넉하게 자리를 잡고 있다. 절터 아래 천은저수지는 물이 어찌나 맑은지 절 입구에 들어서는 순간 몸과 마음이 정화되는 느낌을 받곤 한다. 코로나 19가 기승을 부리기 시작했던 2020년 천은사 뒤편의 소나무 길을 발견하고 속으로 얼마나 좋았는지 모른다. 무성한 소나무 길에선 솔향기가 솔솔 나며, 발아래 계곡에선 물소리가 영혼을 맑게 해 준다. 아름드리 소나무 사이로 난 길을 따라 올라가면 지난해 낙엽과 초봄의 연초록 잎의 나무들이 나를 반갑게 맞이한다.

계곡물과 새소리를 들으며 산길을 걷다 보면 중간에 명상 쉼터를 만나게 된다. 편안하게 누워서 삼림욕을 할 수 있도록 나무 의자가 마련되어 있다. 하늘 높이 뻗은 소나무 숲 나무 의자에 누워 눈을 감으면 저만치 아래에서는 계곡물 흐르는 소리가 들리고, 소나무 숲 사이로 하얀 구름과 새파란 하늘이 저 멀리 보인다. 나도 모르는 사이 세속의 번뇌와 근심 걱정을 자연의 품 안에 잠시 내려놓게 된다.

잠시 비움의 시간을 뒤로 하고 다시 길을 나섰다. 산등성이에 오르면 지리산 품으로 들어갈 수 있으나 아쉽게도 안식년이라 발을 들일 수 없었다.

▼ 명상의 공간

천은사 산자락에는 히어리가 수줍은 자태로 산책자를 반긴다. 히어리 꽃은 4월 전후에 개화를 하며 꽃이삭은 길이 3~4cm이지만 꽃이 핀 다음 7~8cm까지 자란다. 소나무 숲 사이에 자신의 존재감을 드러내며 연노랑 꽃망울을 피우고 있다. 꽃을 자세히 들여다보니 아래 포는 얇은 종이와도 같이 막을 형성하고 있고 양면에 긴 털이 달려 있다. 5개의 꽃받침이 갈라진 틈에서 꽃잎이 달걀 모양으로 나온 것도 신기하다. 히어리는 한국 특산종으로 순천 송광사에서 처음 발견되어 '송광납판화'라고도 불리는데, 지리산 지역에 널리 자생하고 있다. 히어리의 연노랑과 진달래의 분홍빛이 소나무의 진녹색과 어우러져 천은사 뒤편 숲을 한층 더 풍성하게 하고 있다.

▲ 히어리의 자태

▲ 천은사 계곡

숲길 중간에 바윗길을 지나면 계곡을 건너는 다리가 하나 나온다. 그 다리 위에 서면 천은사 계곡의 속살을 볼 수 있다. 계곡이 그리 크지는 않지만 항상 맑고 깨끗한 물이 산정에서 내려와 천은사 절터 바위 사이를 돌고 돌며 흐른다. 지난 코로나 시기에도 이곳에 올 때마다 다리에 서서 계곡의 연원에 대해 상상의 나래를 펴곤 했다. 산을 오를 수 없기에 짐작만 할 뿐이지만 지리산 한편의 꽤 높은 봉우리에서 발원한 물줄기가 계곡을 이뤄 흐르는 것으로 보인다. 다리 아래쪽에는 수량이 더욱 풍부하여 늦은 봄이나 여름에는 당장이라도 물에 들어가 몸을 담그고 싶은 충동이 들 정도이다. 계곡 옆 대나무 숲이 있어서 적당하게 그늘이 진다면 최상의 피서지가 될 것이다. 그도 그럴 것이, 이미 조선 시대의 묵객들도 이 계곡의 아름다움을 시로 남겼다고 하니, 아름다움에 대한 사람의 정서는 예나 지금이나 다르지 않은 것 같다.

▲ 자생 녹차나무 군락

다리를 지나 좀 걷다 보면 길 왼쪽은 대나무 숲이 계곡과 길 사이에 조성되어 있고, 오른쪽엔 녹차 나무들이 자라고 있었다. 예전에 이곳을 지날 때 하얗고 고운 녹차 꽃을 만난 적이 있다. 이전에는 녹차에서 꽃이 핀다는 생각을 못했기에 녹차나무가 아닌 줄 알았다. 때마침 길가를 지나던 스님의 친절한 설명이 없었더라면 녹차와 꽃을 연결하지 못한 채 살았을지도 모른다. 산길에 무리를 지어 자란 녹차 나무들은 야생의 멋을 그대로 간직하고 있다는 점에서 보성이나 하동에서 줄을 지어 관리하는 녹차밭과는 사뭇 다르다.

대나무 숲과 녹차 나무 사이 길을 지나 천은사 절간까지의 내리막길은 '묵언의 길'이다. 고요함과 적막함이 감도는 이 길에서는 말을 멈추고, 자연과 하나가 되어 자신의 내면의 세계를 잠시 돌아보는 것도 좋을 듯하다. 내리막 왼편에는 천은사를 오랫동안 지켜왔다고 전해지는 웅장하고 기품 있는 소나무가 한 그루 서 있다. 1950년대 무성했던 소나무가 벌채되고 사라졌으나 1960년 이후 천은사 주변의 소나무들은 이 노송의 자손이라 할 만큼 소중한 존재로 그 자리를 늠름하게 지키고 있다.

침묵하면
세상이 보이고

묵언하면
내가 보인다.

묵언은
말을 하지 않음이
아니라

필요하지 않은 말을
하지 않음을 뜻한다.

▼ 묵언의 길

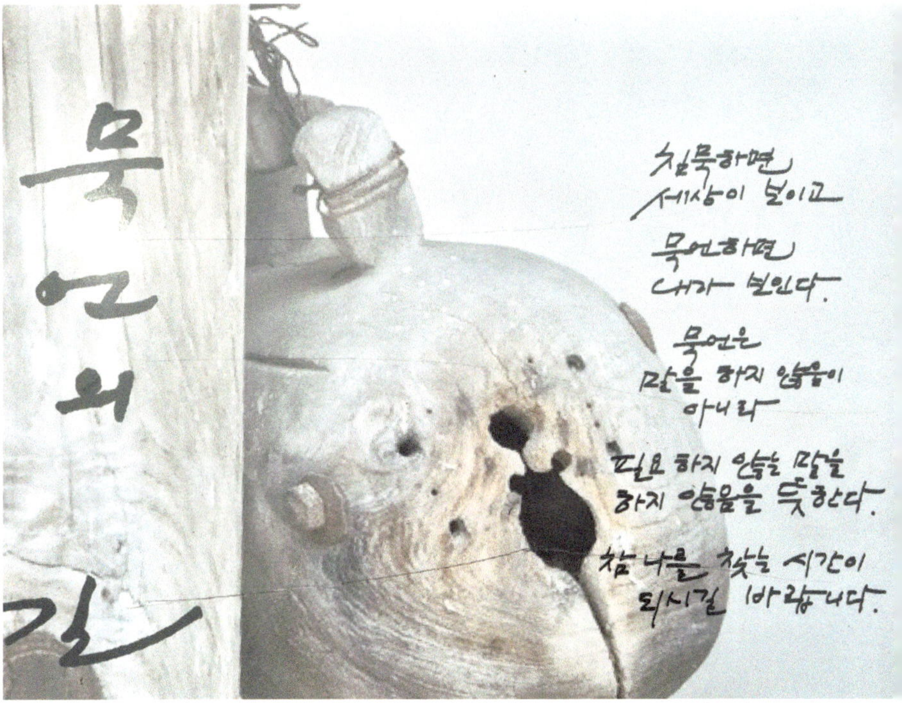

▲ 천은사 관음전

'묵언의 길'을 지나 좀 더 내려오면 곧장 천은사 관음전으로 들어갈 수 있다. 보살의 전각을 모신 이곳에 스님 한 분이 목탁을 두드리며 염불을 올리고 있다. 관음전에 모셔진 부처님의 모습이 어느 때보다 더 자비롭게 느껴진다. 잠시 예불을 드리고 미스터 선샤인 촬영지인 극락보전과 보제루를 지났다. 오는 길에 모든 이의 소원을 들어준다는 천은사 복돼지 바위 위에 조성된 포대화상이 절로 웃음을 짓게 한다. 포대화상은 중국에서도 미륵불의 화신으로 간주되어 대중의 사랑을 받고 있으며, 뭇 중생들에게 복과 지혜를 나눠준다고 한다.

▲ 천은저수지 전경

천은사를 빠져 나와 천은저수지 오른편 길로 들어서면 천은사 '천년상생의 길'이 나온다. 천은저수지는 1983년 조성된 것으로 구례 지역의 농업용수로 사용됐다고 한다. 40여 년이 지난 저수지의 모습은 멋진 자연 호수의 풍광을 품고 있으며, 수달이나 원앙과 같은 야생동물의 보금자리 역할을 하고 있다.

천은저수지 제방 길은 오랫동안 출입 금지 구역이었으나 상생의 길이 조성된 이후 '보듬길'에 포함되었다. 보듬길은 천은사를 기점으로 저수지와 산이 만나는 산길과 제방 위에 만들어진 평탄한 길로 구성되어 있다. 산과 물의 조화를 맘껏 조망할 수 있는 상생의 길인 셈이다.

▼ 천은저수지 제방길

보듬길에서 천은사 주차장 아래쪽에 조성된 길이 '누림길'이다. 누림길은 누구나 천은사의 자연을 즐길 수 있도록 무장애 길로 만들어져 있다. 멋진 카페가 들어서 천은저수지의 수려한 풍경을 보면서 커피를 즐길 수도 있다. 소나무 사이 물 위에 조성된 길을 누구나 걸을 수 있어 다행이라는 생각이 든다. 누림길을 걷다 보면 2019년까지 통행료를 징수했던 일주문을 바로 옆에서 볼 수 있다. 통행료를 둘러싸고 민관과 불교계가 마찰을 빚어 왔으나, 불교계가 폐지라는 통 큰 결정을 내렸고, 그것을 기념하기 위해 '상생의 길'을 만들어 사람들에게 개방하기로 하였다니 스님들의 자비심에 새삼 고개가 숙여진다.

▲ 천은사 상생의 길 중 누림길

7.

백운산 어치계곡 청량 숲길

▲ 어치계곡의 물줄기

어치계곡은 광양시의 백운산(1,218m) 자락에 있는 계곡으로 성불계곡, 동곡계곡, 금천계곡과 함께 백운산 4대 계곡 중 하나로 꼽힌다. 계곡의 이름은 어치리라는 마을 이름에서 유래하였다. 계곡의 발원지는 억불봉과 매봉(865.3m), 갈미봉(519.8m), 쫓비봉(536.5m) 등에서 발원한 계류溪流로 그 물이 수어댐에 저장되어 농업 및 공업용수로 쓰이며, 최종적으로는 광양만으로 흘러든다. 이곳은 늦겨울과 초봄에는 백운산 고로쇠 약수가 생산되는 곳으로도 유명하다.

숲길과 연계된 어치계곡 생태탐방로는 수변을 따라 총 1.2km를 연결한 임도 형식의 데크로드로 자연미를 살리고 자연 친화적 방식으로 조성됐다. 백운산 어치계곡 청량 숲길은 내회교에서 시작되며, 오른쪽에 계곡을 끼고 오르는 길로 청정 자연 그대로의 모습을 느낄 수 있다. 발아래엔 폭신한 멍석이 깔려 있고, 계곡 방향으로는 보호대가 잘 설치되어 있어 광양시가 애써 조성한 숲길이라는 흔적이 엿보인다. 어치계곡은 백운산 여러 계곡 중에서도 원시림이 잘 보존되어 있으며, 계곡 중간 중간에 다양한 소沼와 폭포를 만날 수 있어 지루할 틈이 없다. 새소리, 물소리, 바람 소리가 어우러져 울려 퍼지는 깊은 계곡에서 누구나 자연의 진한 향기를 맡을 수 있다.

▼ 청량 숲길 초입 전경

한참을 걷다 보니 눈앞에 가지런한 계단길이 있다. '108 계단길'이라는 푯말로 미루어 볼 때 실제로 108개의 계단을 지나는 오르막길임을 알 수 있다. 주지하다시피 '108'은 불교를 대표하는 숫자다. 인간의 번뇌가 셀 수 없이 많다는 의미이다. 108번뇌는 인간의 감각기관(눈·귀·코·혀·피부·뜻)에서 비롯되는 고민의 총합이다. 인간 감각의 뿌리 육근六根이 육진六塵을 색깔·소리·냄새·맛·촉감·법色·聲·香·味·觸·法(색성향미촉법)을 만나면 좋아하거나, 그렇지 않거나, 별다른 감흥이 없는 세 가지 반응을 일으키게 된다. 다시 좋은 것은 즐겁게 받아들이고樂受, 나쁜 것은 괴롭게 받아들이며苦受, 그저 그런 것은 즐겁지도 괴롭지도 않게 방치하는捨受 마음이 생긴다. 곧 육근과 육진의 하나하나가 부딪칠 때 좋고好·나쁘고惡·평등하고平等·괴롭고苦·즐겁고樂·버리는(捨) 여섯 가지 감정이 나타나며, 6×6=36, 즉 서른여섯 가지의 번뇌가 생겨나게 된다. 이러한 36번뇌는 과거에도 현재에도 미래에도 끊임없이 유전한다. 그러므로 36에 과거·현재·미래의 3을 곱하여 108번뇌가 만들어지는 것이다(http://www.ibulgyo.com). 나는 계단을 한 걸음 오를 때마다, 내 안의 번뇌를 하나씩 덜어낸다는 마음으로 단숨에 계단을 올랐다. 온몸에 땀이 나고, 무릎과 허벅지가 뻐근해 오지만 다 오르고 났을 때의 성취감은 기대 이상으로 컸다. 계단 꼭대기에서 어치계곡의 시원한 공기를 들어 마시며 백운산에서 힘차게 내려오는 계곡의 청량한 물소리가 들려왔다. 숲길 산행의 잔잔한 기쁨은 이런 소소한 순간에서 옴을 느낀다.

▲ 108 계단길

▲ 구시폭포의 위용

청량 숲길은 백운산에서 내려오는 계곡 물소리를 들으며 원시림 사이를 약간 경사지게 오르게 되어 있다. 얼마 지나지 않아 어치계곡의 백미인 구시폭포가 나온다. 대략 15m의 높이에서 힘찬 물줄기가 바위틈에서 구시소로 떨어지고 있었다. 구시소는 소나 돼지의 먹이통인 '구유'를 길게 깎아 놓은 형상에서 이름 붙여진 것이다. 한편에 쓰인 안내문에 따르면 구시소는 신들이 말을 타고 세상에 내려와 돌아다니다 지치면 매년 보름날 새벽에 이곳에 내려와 쉬면서 시원한 물을 마시게 하여 힘을 충전한 곳이었다고 한다. 안전 난간을 이리저리 오가며 다양한 각도에서 사진을 남겼다. 그곳을 떠나지 못한 채, 폭포를 감상하기에 최적의 장소에 마련된 벤치에서 목을 축이며 폭포의 풍광을 몇 번이고 쳐다본다. 상쾌하고 유쾌하며 통쾌함마저 주는 저 폭포수는 분명 우리의 지친 몸과 마음을 치유해주는 묘한 마력이 깃들어 있는 듯하다.

구시폭포 바로 위에는 선녀탕이 있다. 폭포수가 곧장 떨어지는 구시소와는 달리 폭포의 물이 모여 아래로 떨어지기 직전의 물이 모여 있는 선녀탕은 이름만큼이나 고요하고 고즈넉한 풍경을 담고 있다. 힘차고 강렬하게 쏟아지는 아래쪽 물줄기와 맑고 투명한 위쪽 계곡물이 멋진 대조를 이루고 있어 구시폭포와 선녀탕은 어치계곡의 백미라 불러도 손상이 없을 것이다. 선녀탕에서 구시폭포 물 떨어지는 곳까지 다가가 극단의 상상력을 펼쳐 본다. 만일 누군가 이 물을 따라 폭포 아래로 떨어진다면 어떻게 될 것인가? 일전에 나이아가라 폭포에 갔을 때 여러 차례 사람이 폭포에 떨어지는 실험을 했다는 설명을 들었다. 물론 맨몸으로 다이빙한 것이 아니라 오크통이나 유사한 장치로 안전하게 준비를 한 다음 떨어지는 실험을 했다고 한다. 인간의 호기심과 도전 정신에 공감 하면서도 다소 무모한 행동이 아닌가 생각했는데, 이곳 자그마한 폭포 근처에서 난 이전에 들었던 이야기를 기억에서 소환해 발칙한 상상의 나래를 펴고 있다.

▼ 선녀탕

어치계곡이 백운산 계곡 중에서도 깊다는 것은, 중간중간 만나게 되는 자그마한 협곡에서 여실히 입증된다. 냇물처럼 계곡물이 흘러 내려오다가 양편의 높고 깊은 바위를 만나면 어느새 깊은 협곡의 먼발치에서 물줄기가 숨어 흘러내리는 모습을 마주한다. 몇 차례 협곡을 만나며 그 깊은 속살을 유심히 관찰하다가, 나는 발걸음을 돌려 다시 왔던 길로 향한다. 산골짜기라 그런지 아직도 벚꽃이 남아 있는 곳이 많아 내딛는 발걸음이 한결 가볍다. 계곡 주변의 활엽수에서도 연한 초록 잎이 하나둘씩 수줍게 얼굴을 내밀고 있다. 신록이 무성한 오뉴월이 되면 어치계곡 청량 숲은 시원한 물소리와 함께 푸르름이 가득할 것이다.

▼ 어치계곡 협곡

8.

순천 선암사 편백 나무길

▲ 선암사 들어가는 길, 계곡

순천 선암사仙巖寺는 조계산 자락에 고즈넉하게 자리 잡은 사찰이다. 선암사라는 이름은 절 서쪽에 신선이 바둑을 두던 평평한 바위에서 유래했다. 고려시대에 도선국사가 창건했다는 설이 있으며, 대각국사 의천에 의해 중창이 되었으나 여러 차례 화재로 본 모습이 소실된 곳이기도 하다. 현재의 모습은 여러 차례 중창을 거듭한 결과라고 전해진다. 2018년 순천 선암사를 비롯하여 통도사, 부석사, 봉정사, 법주사, 마곡사, 대흥사 등 7개 사찰이 '산사, 한국의 산지승원'이란 이름으로 1080번째 세계문화유산에 등재되었다. 세계문화유산이 될 수 있는 조건은 유산의 완전성과 진정성 및 탁월한 보편적 가치이다. 순천 선암사가 세계문화유산에 등재되었다는 의미는 문화유산으로서의 완전성과 진정성, 그리고 탁월한 보편적 가치를 인정받았음을 의미한다(한국학중앙연구원, 한국향토문화전자대사전).

선암사 매표소에서 대웅전이 있는 곳까지 가는 길은 흙길로 이루어져 있다. 왼편에 조계산에서 내려오는 계곡 물소리가 청량함을 더해 준다. 편리함과 실용성을 위해 절의 입구에서 아스팔트나 시멘트 길을 조성하는 대부분의 사찰들에 비해, 선암사는 자연스러운 길을 유지해 오고 있어 더 큰 위안을 준다. 가물 때는 먼지가 날리고, 비가 오면 물이 군데군데 고이기도 하지만, 흙에서 맛볼 수 있는 자연의 정취를 입구에서부터 느낄 수 있어 좋다. 조계산 건너편 자락의 송광사가 웅장하고, 화려하다면 선암사는 들어가는 길부터 소박하고 수수하다. 초록이 무성한 5월이면 이 길은 온통 녹색의 향연이 펼쳐진다.

선암사 들어가는 길을 따라 걷다 보면 '순천 전통 야생차 체험관'이라는 커다란 나무 푯말을 만나게 된다. 순천 전통 야생차 체험관은 순천시에 운영하며 푯말에서 30m쯤 올라가면 있다. 이곳은 한옥의 멋진 공간으로 꾸며져 있으며 순천의 야생차를 시음할 수 있다. 대개 사람들은 이곳 삼거리에서 직진하여 승선교를 지나 선암사 대웅전으로 향하지만, 나는 이곳에 올 때마다 체험관을 지난다. 시간이 여유로울 땐 멋진 한옥에 자리를 잡고 지인들과 야생 녹차를 마시기도 한다. 체험관에 상주하는 분들이 다도를 친절하게 가르쳐 주며, 선암사나 야생차 이야기를 들려주기도 한다. 4월 초순이라 체험관 담벼락 아래에 곱게 핀 할미꽃을 발견하고 어렸을 때를 잠시 떠올렸다. 어릴 적, 뒷동산에 핀 할미꽃을 캐어 집 정원에 옮겨 심었다가 결국 말려서 죽인 기억 때문이다. 야생의 아름다운 꽃을 집안 정원에 무모하게 옮겨 심으려다 생명에 손상을 입힌 실수를 저지른 셈이다.

▲ 순천전통야생체험관 입구

체험관을 나와 산길로 향하면 곧장 편백 나무 숲길이 나온다. 선암사를 찾는 대부분의 사람들이 승선교를 거쳐 대웅전 쪽으로 향하다 보니, 이 길은 그야말로 인적이 드물고 더 조용하다. 사람과의 접촉을 피해야 했던 코로나 시절에 난 이곳을 여러 차례 들르곤 했다. 편백 나무 향도 좋지만 홀로 걸으며 깊은 사색을 할 수 있기 때문이다. 선암사 숲길은 산 전체가 편백 나무로 조성된 곳은 아니지만 군데군데 작은 군락이 형성되어 있어 오히려 더 희귀하고 반갑게 느껴진다. 선암사 초입에서 인파와 함께 걷다가 이 숲길에 들어서는 순간 잠시나마 세속에서 해탈한 느낌을 받게 된다. 숲길은 경사도 적당하고 바닥의 황톳길은 어찌나 부드러운지 맨발로 걷고 싶은 충동이 일 때가 많다. 비록 짧은 거리지만 한가할 때면 이 길만 오르락내리락 걸었던 적도 있을 만큼 선암사에서 내가 아끼는 장소이다.

편백 나무길 정점에서부터 선암사 절 방향으로 길이 연결되어 있다. 이 길은 좌우로 활엽수와 대나무가 무성하게 자라고 있고, 돌담으로 옹벽을 쌓아 걷는 길을 온전하게 보존하고 있다. 숲이 무성한 오뉴월에는 다양한 나무들이 서로 만나 동굴을 만들어 주므로 산속 깊숙이 들어가지 않고도 숲이 만드는 날것의 자연을 체험할 수 있다. 대나무 숲길을 지나면 작은 계곡에 놓여 있는 다리를 만나게 된다. 영선교迎仙橋라는 이름으로 보아 선녀를 맞이하는 다리쯤으로 짐작된다. 다리 아래 계곡을 보니 제법 물이 흐른다. 그 물줄기가 강선루를 돌아 조계산에서 흘러 내려오는 주 계곡과 만나 승선교 아래로 지남을 알 수 있다. 다리에 서서 다리 위편 계곡을 보다가, 다시 다리 아래편 계곡물 떨어지는 소리를 들으며 선암사 대웅전으로 발길을 옮긴다.

▼ 순천전통야생체험관 뒤편 편백 나무길

선암사 대웅전은 현재 남아 있는 42개의 유물 가운데 가장 중심이 되는 법당으로 여러 차례 화재로 소실되었으나 1824년(순조 24년)에 중창되었다. 화려한 건축양식과 장식성에서 조선 후기 중건 당시의 면모를 잘 간직하고 있다. 2001년 보물로 지정되었으며, 그 앞에 만세루와 주축을 이루고 있으며 앞마당에는 삼층석탑(보물, 1963년 지정) 2기가 나란히 서 있다. 건축물은 줄목(건축에서 기준점이 되는 나무) 수가 많고, 처마 끝이 심하게 휘어 올라가 있어 장중한 인상을 풍긴다. 늘 그렇듯 난 이곳에 오면 대웅전 불상에 삼배를 하며 나와 가족, 세계와 인류의 평화를 기원한다. 장엄한 불상 앞에서 마음의 찌꺼기를 내려놓고, 순수한 마음으로 돌아갈 것을 다짐한다.

▲ 편백 나무 길에서 선암사 대웅전 가는 길

대웅전 주변에는 벚나무, 동백, 철쭉 등 다채로운 꽃나무들이 즐비하다. 대웅전을 우측으로 끼고 올라가면 원통전 돌담의 백매와 함께 '선암매'라 불리는 천연기념물 매화나무 한 그루를 만날 수 있다. 우리 토종 매화로, 오랜 시간을 버텨온 것도 대단하지만 초봄 매화의 향연은 형언하기 힘들 정도이다. 선암사에는 500년 남짓 되는 매화만 해도 30여 그루에 달한다. 선암사 종정원 담장을 따라 줄지어 선 매화는 이른 봄 상춘객의 마음을 설레게 한다. 백색과 연분홍의 매화꽃이 어우러져 꽃동산을 만드는 이곳은 그윽한 꽃향기에 취하고, 꽃그늘에 황홀해지는 곳이다. 해마다 찾는 곳이지만 올해는 때지나 온 탓에 꽃은 지고 바닥에 떨어진 꽃들만 나부낀다.

▼ 선암사 대웅전

선암사 무우전 뒤편인 북암에 오르는 길목에는 선암사 중수비가 자리하고 있다. 정유재란 때 소실된 절을 약휴대사가 힘겹게 복원했다는 기록이 담겨 있다. 높직한 거북받침돌龜趺 위로, 비몸碑身을 세우고 머릿돌螭首을 올린 모습이다. 이곳이 좋은 것은 우람한 편백 나무 몇 그루가 솟아 있어 그늘을 제공하며, 눈앞에 시원한 전경을 선사한다는 점이다. 그곳에 마련된 벤치에 앉으면 정신이 맑아지고, 몸이 정화되는 느낌을 받는다.

▼ 선암사 중수비와 편백 나무숲

선암사에서 송광사로 넘어가는 길목을 따라 좀 걷다가 청운교에서 발을 멈춘다. 계곡에서 내려오는 시원한 물소리를 들으며 조계산 자락을 휘둘러본다. 주변은 고요하고, 산은 포근하게 나를 감싼다. 청운교에서 노닐다가 발길을 다시 돌려 선암사 쪽으로 돌아와 산사와 주변의 자연을 둘러보고 마침내 선암사 명물이 있는 해우소에 당도했다. 해우소解憂所라는 명칭은 화장실의 다른 말로 근심을 덜어내는 장소라는 의미이며, 우리 조상들의 지혜와 해학을 단적으로 보여주는 곳이다. 변소의 옛말인 '뒷간'을 다소 우스꽝스럽게 적어 놓은 푯말을 보고 미소를 짓지 않을 사람이 있을까. 아이들과 '깐뒤'인지 '뒤깐'인지를 두고 열렬하게 토론했던 적이 있어 이곳을 지날 때면 옛 기억이 새록새록하다. 의도한 것은 아니지만 찍힌 사진을 보니 입구에 은은한 장막이 생겨 선암사 해우소가 신비하고, 신성한 곳이라는 인상을 풍긴다. 이렇게 연출하기도 쉽지 않으니 이 장면을 그대로 공유하기로 한다.

▼ 선암사 해우소

시인의 눈에도 선암사 해우소는 눈에 띄었을 것이다. 정호승 시인은 선암사라는 시에서 이 장소를 언급하고 있다. 내장의 찌꺼기를 퍼내는 장소를 넘어 내면의 상처와 응어리를 푸는 곳으로 묘사하고 있는 것이다. 선암사 해우소는 시인에게는 하나의 울음 터인 셈이다. 누구나 살아가면서 삶의 고뇌와 역경을 맘껏 해소할 수 있는 공간이 필요할 터인데 시인은 대자연이 숨쉬는 한적한 이곳에서 자신의 설움을 내려놓으려 한다. 모든 걸 다 내려놓고 타인의 방해와 간섭 없이 마치 어린아이처럼 펑펑 울고 나면 응어리가 좀 풀릴 것인가. 정호승의 선암사 시 전문은 이렇다.

선암사

눈물이 나면 기차를 타고 선암사로 가라
선암사 해우소로 가서 실컷 울어라
해우소 앞에 쭈그리고 앉아 울고 있으면
죽은 소나무 뿌리가 기어다니고
목어가 푸른 하늘을 날아다닌다
풀잎들이 손수건을 꺼내 눈물을 닦아주고
새들이 가슴속으로 날아와 종소리를 울린다
눈물이 나면 걸어서라도 선암사로 가라
선암사 해우소 앞
등 굽은 소나무에 기대어 통곡하라

▼ 천년불심 길

선암사 경내를 한 바퀴 돌아 천년불심 길 이정표를 따라 가면 송광사로 가는 길이 나온다. 가는 길에 자연학습장이 나오고, 계곡을 건너면 편백 나무숲도 나온다. 울창한 원시림이 눈앞에 펼쳐져 보는 것만으로도 눈이 정화되는 것 같다. 숲 안에 들어서면 진한 피톤치드 향이 온몸을 감싼다. 편백 나무 옆길로 죽 올라가면 큰굴목이재가 나오고 그 고개를 넘어 내려가면 유명한 선암사 보리밥집인 '아랫집'이 나온다. 자연에서 채취한 산채와 제철 반찬으로 보리밥을 고추장에 비벼서 먹는 맛이 일품이다. 오래전 보리밥집 기억을 떠올리며 오늘은 편백 나무숲 그늘에 들어가 쉬어가기로 한다. 마침 숲속에 마련된 흔들의자가 더할 나위 없는 안식처로 보였기에 난 그곳에 앉아 목을 축이며 조계산 자락의 봄 풍경을 한없이 바라보았다. 맑고 시원한 공기에 청명한 날씨까지 더해 주니 편백 나무숲 그늘 의자가 말 그대로 시인 구상이 말한 '꽃자리'가 아니고 무엇이랴.

▲ 편백 나무숲 의자

꽃자리

반갑고 고맙고 기쁘다
앉은 자리가 꽃자리니라
네가 시방 가시방석처럼 여기는
너의 앉은 그 자리가 바로 꽃자리니라

앉은 자리가 꽃자리니라
앉은 자리가 꽃자리니라
네가 시방 가시방석처럼 여기는
너의 앉은 그 자리가 바로 꽃자리니라

나는 내가 지은 감옥 속에 갇혀 있다
너는 네가 만든 쇠사슬에 매여 있다
그는 그가 엮은 동아줄에 묶여 있다

우리는 저마다 스스로의 굴레에서 벗어났을 때
그제사 세상이 바로 보이고
삶의 보람과 기쁨도 맛본다

앉은 자리가 꽃자리니라
네가 시방 가시방석처럼 여기는
너의 앉은 그 자리가 바로 꽃자리니라

▲ 편백 나무 원시림

▲ 강선루

편백 나무 숲속에서 망중한을 즐기고 다시 길을 내려온다. 송광사를 다녀오려면 체력과 시간이 필요한 터라 오늘은 선암사 절터로 돌아와 계곡을 따라 주차장으로 돌아오는 편이 나을 듯하다. 내려오는 길에 강선루를 지났다. 작은 누각이지만 기개와 품격이 느껴지는 건축물이다. 그러고 보니 선암사에는 많은 지명과 건축물에 신선을 뜻하는 '선仙'자가 많다는 것을 깨닫게 된다. '선암사仙巖寺, 강선루降仙樓, 승선교昇仙橋' 모두 신선과 연관된 이름이다. 이름대로라면 강선루는 신선이 내려와 노닐다 간 놀이터인 셈이다. 계곡 옆에 이층 누각으로 우뚝 서 있는 이 건축물이 언제 축조되었는지는 정확하게 알 수 없다.

강선루를 지나 계곡을 가로지르면 승선교가 놓여 있다. 선암사의 아름다움을 간직하고 있는 대표적 명소로 누구나 사진 한 컷을 찍어 간직하고 싶은 자연의 다리이다. 이 다리는 아침에 해가 떠오르듯 '신선들이 놀다 하늘로 올라가는 다리'라는 의미를 지니고 있다고 한다. 선암사 자체가 신선들이 한가롭게 바둑을 두었던 바위에서 유래하였다고 하는데, 선암사 일대는 온통 신선들의 놀이터였을 만큼 신성하고 아름다운 곳이 아니었을까 상상의 나래를 펴 본다. 늦봄이나 초여름의 신록과 함께 계곡이 어우러진 풍광을 담았다면 하는 아쉬움이 남지만 이 다리를 건널 때마다 내가 마치 신선이라도 된 것처럼 절로 기쁘고 마음이 고양된다.

▲ **승선교**(출처: https://i.ytimg.com/vi/zO697Jry9Q4/maxresdefault.jpg)

내려오는 길에 웅크리고 있는 불독과 같은 형상 위에 작고 귀여운 돌탑이 여럿 보인다. 절을 지나면 이런 돌탑을 만나게 되는데 여기에 돌을 하나 얹기가 두렵다. 행여 내가 올린 돌로 인해 애써 쌓은 돌탑이 와르르 무너질까 염려되기 때문이다. 나의 바람과 서원이 있으나 나보다 먼저 남을 생각하고 배려하는 마음에서 자비심이 시작되는 것이 아닐까 생각해 본다. 어쩌면 부처가 설파한 이타심과 보리심도 이런 사소한 일과 장소에서 싹트는 것인지도 모른다. 내 마음을 아는 듯 이산하 시인은 '돌탑'이라는 시에서 이런 심경을 잘 대변하고 있다.

돌탑

절로 가는 오솔길
가파른 모퉁이마다
돌탑들이 쌓여 있다.
나도 빌어볼 게 많아
돌 하나 얹고 싶지만
하나 더 얹으면
금방 무너질 것 같아
차마 얹지 못하고
그냥 지나친다.
나를 하나 더 탐하는 게
이렇게 어렵구나.

▲ 돌탑

9. 보성 활성산성 편백 나무숲 보부상 길

▲ 보성 녹색길

보성은 녹차로 유명한 고장이다. 보성 녹색 길은 대한다원을 중심으로 다채롭게 펼쳐져 있다. 그 중심에 편백 나무숲 군락으로 가득한 옛 산성 길을 둘러볼 수 있는 활성산성길이 가 볼만하다. 산성 길은 2km 남짓 되므로 그리 시간이 걸리지 않으며, 오르막길과 내리막길이 적당하게 섞여 있어 산행하는 재미도 느낄 수 있다. 대개 한국차박물관에서 턱골고개를 거쳐 산성길 입구로 진입하게 되어 있다. 하지만 반대편에서 산성 쪽으로 올라오는 길도 잘 마련되어 있다. 부춘길은 황새고개에서부터 활성산성 구헬기장까지 연결되며, 한치제주차장에서 활성산 정상까지 오르는 삼수길도 활성산 정상까지 산행을 한다면 추천할 만하다. 두 길 모두 4km 남짓 된다. 이외에도 봇재에서 보성버스터미널까지 길게 이어지는 '보성 소리 득음길'이 편백숲길, 숲속산책길, 생태하천길, 차향소리길 등 다양한 이름으로 펼쳐져 있어 도보나 자전거로 체험할 수 있다.

▼ 보성소리득음길 푯말

한국차박물관 한편에 차를 세우고 세우비를 맞으며 활성산성 방면으로 발길을 옮겼다. 산성길 입구까지 가기 위해 1km 이상 임도를 따라 걸었다. 올라가는 길목 곳곳에 '보성소리득음길'이라는 푯말이 눈에 들어온다. 득음은 판소리 창자唱者의 음악적 역량이 완성된 상태로 성음을 얻었다는 뜻이다. 영화 <서편제>에서 득음하는 장면이 인상적이었는데, 보성은 지역적으로 분명 판소리의 성지임을 알 수 있다.

판소리는 서편제와 동편제로 나뉘는데, 그 기준은 섬진강을 중심으로 서쪽 지역, 예를 들자면 광주, 보성, 나주, 고창이 서편제의 전승지이며, 동쪽 지역에 있는 구례, 남원, 순창, 곡성이 동편제의 전승지로 알려져 있다. 서편제는 구슬픈 계면조의 노래가 대부분이며, 동편제보다 많은 기교를 쓰며 장단의 진행 속도도 느린 특징이 있다. 판소리 역사에서 서편제를 창시한 분이 순창 사람 박유전朴裕全 명창이다. 그 뒤를 이어 보성에서 정재근, 정응민, 조상현 선생 등이 서편제의 계보를 이어왔다.

보성의 서편제를 강산제라고 부르는데, 그 이유는 박유전이 대원군 앞에서 심청가를 부르자 대원군이 "네가 강산 제일이다"라고 극찬한 데서 유래되었다고 한다. 보성 특유의 강산제는 계면조 창법에 있어서 남자가 흐느껴 우는 처절하고 숙연한 목소리로, 소리 마디마디에 심력을 다하여 갖가지 한恨을 표현함으로써 서민들의 애절함을 대변하는 소리라고 평가받는다.

턱골고개는 득량만 회천면 지역에서 보성읍내를 잇는 보부상길의 요충지라 할 수 있다. 옛날 보부상들이 봇짐을 지고 장을 보러 넘나들 때, 고갯길에서 숨이 턱까지 차서 '턱골고개'라 불렀다는 설과 사람이 살던 터가 있던 고개라고 해서 '턱골고개'라고 했다는 설이 있다. 남해 득량만의 풍부하고 싱싱한 수산물을 봇짐에 싣고 보부상들은 남쪽 회천면과 북쪽 보성읍 봉산리 온수동 및 보성읍 소재지 사이의 고갯마루인 봇재와 턱골 고개를 넘나들었다.

▼ 턱골고개 쉼터

턱골은 봉우리가 둥그런 모양을 하고 있으며 옛 성터가 자리를 잡고 있다. 이곳은 임진왜란 당시 왜적을 막는 데 커다란 역할을 한 몽중산과 군사들의 진지가 있었다고 전해지는 진둣골 사이에 위치한 역사적 유적지이기도 하다.

털골고개에서 임도를 따라 숲길을 걷다 보면 활성산성 입구가 나온다. 입구에서 조금 오르면 동쪽과 북쪽 갈림길이 나타난다. 잠시 고민하다가, 흐린 날씨지만 숲길이 밝을 듯하여 동편으로 발길을 옮겼다. 활성산성은 원래 1.6km에 달하는 흙으로 쌓은 토성으로, 해발 260~400m 산줄기에 있다. 조선 시대 왜구의 침입을 감시하고 방어할 목적으로 조성되었다. 산성에는 동·서·남·북 네 개의 성문이 있었다. 이 중 회천면과 보성읍을 이어주는 '털골고개'는 동문과 가까워 병사들은 물론 보부상의 출입이 잦았다고 한다.

▼ 활성산성 입구

동문 방향으로 산길을 조금 오르자 동문 전망대 표지판이 나온다. 성문은 없으나 그 주변이 평편하고, 움푹 팬 통로의 흔적으로 보아 이곳에 성문이 있었음을 짐작하게 한다. 표지판의 설명을 보니 이 산성이 임진왜란이 발발한 다음 해인 1593년 왜구의 침입에 대한 감시는 물론 의병을 훈련하는 훈련장, 경마장으로 활용되기도 했다고 한다. 왜구에 대비하기 위한 성벽에서 알 수 있듯이 활성산성 또한 성 내부는 군사의 생활과 훈련이 이루어질 수 있도록 평탄하게 만들어졌으나 성 외부는 적의 침입을 방어하기 위해 경사를 이루도록 축조되었다. 특이한 점은 산성이 있었다고 하지만 성벽을 축조할 때 쓰는 돌, 자갈 등의 흔적이 보이지 않고 흙으로 된 길만 남아 있다는 점이다. 활성산성 주변에 1968년부터 편백 나무를 심기 시작하여 50년이 지난 지금 거대한 숲을 이루어 새로운 생태환경으로 변모하였다. 2012년 거대한 태풍 '볼라벤'에 의해 편백 나무가 부러지고 쓰러지는 아픔을 겪기도 하였으나 그러한 나무들로 산림욕을 위한 의자와 평상 등이 만들어져 지금은 고단한 산책자의 벗이 되고 있다.

▼ 활성산성 동문 표지판

이슬비 내리는 숲길을 혼자 걷다가 박인수의 '봄비'를 연신 흥얼거리며 발걸음을 옮겼다. 추적추적 내리는 봄비와 새봄의 신록이 어우러져 노랫말이 찡하니 가슴에 와닿는다.

봄비♬

이슬비 내리는 길을 걸으면
봄비에 젖어서 길을 걸으면
나 혼자 쓸쓸히 빗방울 소리에
마음을 달래도
외로운 가슴을 달랠 길 없네
한없이 적시는 내 눈 위에는
빗방울 떨어져 눈물이 되었나
한없이 흐르네
봄비
나를 울려주는 봄비
언제까지 내리려나
마음마저 울려주네
봄비
외로운 가슴을 달랠 길 없네
한없이 적시는 내 눈 위에는
빗방울 떨어져 눈물이 되었나
한없이 흐르네
봄비
나를 울려주는 봄비
언제까지 내리려나
마음마저 울려주네
봄비
외로운 가슴을 달랠 길 없네
한없이 적시는 내 눈 위에는
빗방울 떨어져 눈물이 되었나
한없이 흐르네
이슬비 내리는 길을 걸으면
봄비에 젖어서 길을 걸으면
나 혼자 쓸쓸히
마음을 달래도
마음을 달래며
비 봄비 봄비 봄비 봄비
봄비가 내리네
봄비가 내리네
봄비가 내리네
나한테 내리네
봄비
내 곁에 내리며 떠났네
봄비가 온다네

▲ 동문에서 남문으로 가는 길목

가는 봄비가 계속 내리는 가운데 동문을 지나 남문 쪽으로 향했다. 비와 안개로 가득한 편백나무숲은 유난히 고요하고, 신비한 기운마저 감돈다. 적절한 오르막길에 길바닥도 흙무덤으로 이루어져 걷기에 더없이 편했다. 거기에다 지난해 켜켜이 쌓인 낙엽도 더해져 발걸음은 가볍기만 하다. 왼편 발아래 방향이 대한다원 차밭으로 알고 있었으나 안개와 숲에 가려 도무지 볼 수 없어 답답한 마음이 들었다. 이럴 땐 앞만 보고, 발걸음 내디딜 곳만 보고 묵묵히 걸어가는 수밖에 도리가 없다. 흐리고 비 내리는 활성산성 한가운데서 묵언의 수도승처럼 길을 걷는다. 그래도 숲 사이로 간혹 내비치는 한 줄기 햇살이 커다란 위로가 되었다. 만일 어둡고 으슥한 숲속 풍경이었더라면 아마 난 발길을 돌렸을지도 모른다.

활성산성 숲의 백미는 남문에서 서문가는 길 사이의 군락이 아닐까 싶다. 거의 50년이 지난 편백 나무들이 저마다의 기개를 뽐내며 하늘 높이 서 있는 모습이 마치 진시황릉 병마용갱을 보는 듯하다. 나무 위에 비와 구름이 있거나 설령 해가 있다손 치더라도 군락을 이룬 숲속에서는 누구나 어두운 동굴에 들어 있는 느낌을 받을 것이다. 난 고개가 아플 정도로 나무 끝의 연결 지점과 그 틈 사이 빛을 보려고 안간힘을 썼다. 안개 탓인지 나무 사이로 새어 나오는 빛이 흡사 바르셀로나 사그라다 파밀리아 대성당의 스테인드글라스를 통해 성당 안으로 들어오는 빛과 같다는 생각을 잠시 하였다. 이런 자연의 황홀함을 인공으로 건축하여 대성당 안에 재현하고자 하였던 안토니오 가우디(1852~1926)가 떠오르면서 그가 얼마나 위대한 건축가였는지 잠시 회상해 봤다.

▼ 남문에서 서문으로 가는 길목

지도상으로 남문에서 활성산 정상까지 금방 올라갈 수 있을 것으로 판단했던 나는 애초에 남문에서 활성산을 오른 다음 내려오면서 서문과 북문을 거쳐 원점 회귀하려고 하였다. 그런데 남문 근처에서 활성산 방향의 표지판도, 등산로도 발견하지 못했다. 나중에 자세히 보니 활성산 정상을 오르기 위해서는 반대편 황새고개에서만 오를 수 있었다. 남문과 활성산을 잇는 등산로는 아예 존재하지 않았던 것이다.

서문에서 전망대가 있는 구헬기장으로 향했다. 장소에 도달하니 데크로 조성된 넓은 전망대가 보였다. 전망대라고 하지만 나무와 숲이 앞을 가린데다가 안개와 비가 자욱하여 도무지 멀리 시야가 확보되지 않았다. 주변을 돌아보니 산 위쪽이지만 넓고 편평한 대지가 눈에 들어왔다. 과거에 헬기가 들고 날 수 있을 정도의 공간이 산 중턱에 자리를 잡고 있었다. 구헬기장에서는 내리막길이 시작되었다. 발아래 낙엽이 폭신폭신하여 마치 양탄자 위를 걷는 듯했다. 침엽수 군락이 끝이 나고 활엽수 군락이 나를 반긴다. 활엽수의 넓은 잎은 이제 갓 연초록의 빛을 머금어 눈이 편하고, 마음도 밝아졌다. 내리막길을 경쾌한 발걸음으로 내딛고 몇 걸음 내려오자 금세 북문터가 나왔다.

▼ 서문에서 북문으로 가는 길목

▲ 상록넉줄고사리 자생지

북문에서 다시 동문으로 내려오는 길은 키 작은 활엽수가 자라는 지역이라 시야가 확보되고 공간이 트인 느낌이 들었다. 중간에 철쭉군락지를 만났으나 아직 개화 시기가 아니어서인지 연한 초록빛 철쭉 잎만 무성하다. 일찍 얼굴을 내민 철쭉도 하나둘씩 보인다. 오월이면 이 길이 오색빛으로 물들겠구나, 하는 생각을 잠시 하였다.

철쭉군락지에서 좀 더 내려오니 다시 편백 나무숲이 나를 반겼다. 작은 계곡과 나무다리도 보였다. 어제오늘 비가 온 탓인지, 계곡물이 제법 시원하게 흐른다. 비 오는 숲속에서의 특유한 향기가 더욱 새롭다. 숲에서 머리가 맑아지고 마음이 밝아지는 이유를 알 것만 같다. 그것이 피톤치드에서 나오는지, 아니면 계곡의 음이온에서 오는지 모를 일이나 몸과 마음이 절로 가벼워지고 정화되는 느낌을 흠씬 느낀다.

동문과 북문 갈림길 근처에 다다르자 계곡의 여기저기에 고사리가 많이 자라는 것을 볼 수 있다. 표지판을 보니 이곳이 상록넉줄고사리 자생지라고 적혀 있다. 상록넉줄고사리는 '후마타고사리'라는 별칭을 갖고 있다. 이 고사리는 공기 정화 능력이 뛰어나며, 건조한 환경에도 강해 실내에서 키우기 쉬운 식물로 알려져 있다. 이 고사리는 비늘줄기라고 불리는 뿌리줄기에서 잎이 나오며, 비늘줄기로 인해 공기 중에서 수분을 덜 빼앗기도록 회갈색 비늘조각으로 덮여 있다. 고사리 윗잎이 마르더라도 비늘줄기의 수분을 위로 올릴 수 있어 수분이 계속 유지될 수 있는 것이다.

이슬비 내리는 임도를 따라 원래 출발했던 지점으로 다시 돌아왔다. 한국차박물관에 차를 주차한 김에 박물관 내부를 둘러보기로 했다. 박물관은 보성 녹차 이야기와 세계의 차 이야기를 영상으로 상영하고 있었다. 하지만 왠지 공허하다. 녹차의 융숭함을 느낄 수는 없고, 단지 인스턴트 녹차 티백으로 차를 한잔 마시고 나온 느낌이다. 그나마 전시된 영상 중에서 음미하고자 초의선사 동다송 한 구절을 사진에 담아 왔다. 지난번 다산 초당 길에서도 초의선사(1786~1866)를 만났는데, 남도의 길 곳곳에서 그를 만날 수 있어 얼마나 좋은지 모른다.

동다송은 초의선사가 직접 쓴 우리나라 차에 관한 시이다. 이 시는 칠언절구로 구성되어 있으며 총 68행, 17송으로 이루어져 있다. 동다송은 동쪽, 즉 조선 혹은 우리나라에서 생산되는 차를 칭송하고 찬송하려고 지은 것이다. 이 다도서는 초의선사가 차에 대한 지식과 진심을 담아 경험을 통해 차의 외양부터 효능, 성질, 차 끓이는 방법, 동다예찬까지 다양한 내용을 송형식으로 서술하고 있다. 동다송 16송을 살펴보면 다음과 같다.

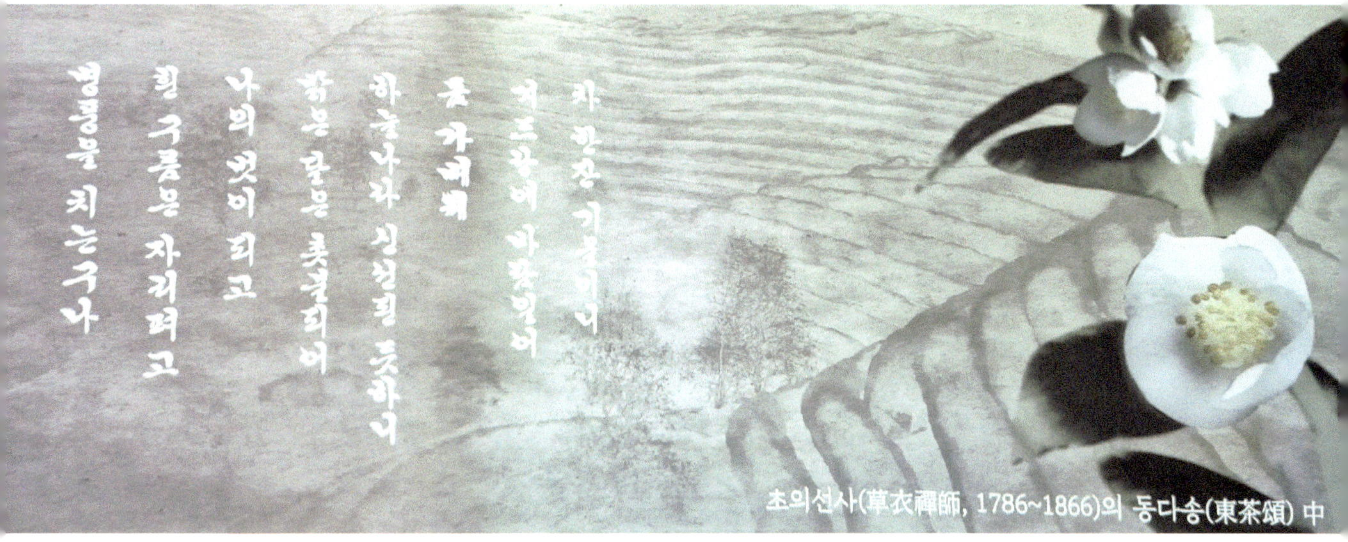

▲ 초의선사 동다송 중 16송

一傾玉花風生腋 (일경옥화풍생액): 차 한 잔 기울이니 겨드랑에 바람 일어
身輕已涉上淸境 (신경이섭상청경): 몸 가벼워 하늘나라 신선된 듯하니
明月爲燭兼爲友 (명월이촉겸위우): 밝은 달은 촛불 되어 나의 벗이 되고
白雲鋪席因作屛 (백운포석인작병): 흰 구름은 자리 펴고 병풍을 치는구나

초의선사는 차를 마시며 체험하는 평온함과 선명함, 그리고 자연과의 교감을 아름답게 표현하고 있다. 이 시를 통해 그는 차를 마시는 행위가 곧 하나의 선禪과 도道임을 잘 보여주고 있다. 보성 녹차 길을 나는 초의선사의 다도로 마무리한다.

10.

강진 백운동 원림 숲길

▲ 강진 월출산 달빛길

강진 백운동 원림을 처음 알게 된 것은 EBS 프로그램을 통해서이다. 한국의 둘레길을 탐방하는 프로그램이었는데, 어느 날 우연히 해남에서 강진까지의 숨은 둘레길을 소개하는 장면에서 이곳을 알게 된 것이다. 미루다가 지난해 가을 무렵 직접 방문하게 되었다. 진입로를 찾기가 힘들어 한참 입구를 찾아 헤매던 기억이 남아 있다. 하지만 가을보다는 신록이 우거진 오뉴월에 와 보면 좋을 거란 생각을 했었다. 특히 담장 옆 모란을 볼 수 있는 시기라면 더 좋겠다는 막연한 생각을 품고 살았다.

오늘 방문은 사실 원래 기획과는 다르게 이루어졌다. 화순 만연산을 방문하려고 했다가 당일 아침 나도 모르게 갑자기 강진으로 급선회하게 된 것이다. 이번에는 이전과는 달리 처음부터 백운동정원 안운주차장을 목적지로 설정하고 출발하였다. 하지만 근처에 도착했으나 주차장을 찾지 못한 채 시골 마을의 좁은 길로 차를 몰고 들어가게 되었다. 한적한 시골 마을 어귀의 막다른 외길에서 후진으로 나오느라 진땀을 흘렸다. 어렵게 주차장을 찾았으나 비좁은 탓에 차를 제대로 주차하지도 못했다. 도로와 교통이 발달한 오늘날에도 이러할진대 조선 시대에는 어떠했을까 상상해 본다. 백운동 원림이 외부로부터 차단되어 비밀의 정원으로 잘 보존되어 온 것도 이런 연유에서가 아닐까?

백운동 원림은 월출산을 빼놓고 이야기를 할 수 없다. 원림 주변에 걷기 좋은 자연과 유적지가 함께 하고 있다. 국보 극락보전을 간직하고 있는 강진 무위사와 같은 천년 고찰에서부터 월출산 다원이 있어 드넓은 차밭을 구경할 수 있고, 강진 차를 널리 알린 이한영 생가 주변에서는 강진 차를 시음할 수 있는 곳도 있다. 월출산을 배경으로 달빛한옥마을에서 하룻밤을 묵는다면 영산의 정기를 듬뿍 받아 원기를 회복하는 데 도움을 받을 수도 있을 것이다.

▼ 백운첩과 백운동 12경

다산 정약용은 1812년 제자들과 월출산을 등반하고 백운동에서 하룻밤을 유숙한 후 백운동의 풍광을 그림과 시로 표현하여 멋진 시화첩을 남겼다. 다산은 다정한 벗 초의선사에게 백운동도를 그리도록 하였고, 자신이 직접 8수의 시를 지었다. 초의선사와 자신의 제자들에게도 시를 쓸 것을 권유하여 총 14편의 시가 완성되었다. 그는 완성된 시와 그림을 당시의 백운동 4대 동주였던 이덕휘(1759~1828)에게 선물로 주었다.

성리학의 창시자 주희는 남송 시절 심산유곡에 백운동 서원을 짓고 제자들 교육에 열과 성을 다 바쳤다. 조선 시대 선비들 또한 주자의 백운동 서원을 본받고자 깊은 자연의 숲과 계곡에 터를 잡아 정자를 짓고 심신 수양은 물론 시서화를 즐겼다. 백운동정원 또한 조선 중기 처사 이담로(1627~1701)가 만든 별서로 정약용, 초의선사 등 조선의 저명한 문사들이 찾아 숱한 시문을 남겼던 공간이다.

백운동정원은 외담을 기준으로 외원과 내원으로 구분이 된다. 외원은 계곡과 대나무 숲이 원시적 풍경을 보여주고, 풍류를 즐겼던 정선대가 남아 있다. 내원은 계곡물을 정원 내 연못으로 끌어와 만든 유상곡수流觴曲水가 독특한 풍광을 자아낸다. 정원 안에는 단아한 건물 세 채가 눈에 띈다. 초정, 사랑채, 본채가 뜰 안 정원 및 주변 수목과 잘 어우러져 기품 있는 선비의 기상을 대변해 주듯 자리를 잡고 있다. 자연과 인공의 조화를 잘 이룬 백운동정원은 담양의 소쇄원, 보길도의 세연정과 함께 남도의 소중한 정원 문화를 잘 보여준다. 최근에는 안채 복원을 위한 발굴조사과정에서 고려청자와 고려기와 등이 대량 출토되어 이곳이 고려시대 백운암의 거처였음이 확인되었다.

▼ 제5경 유상곡수

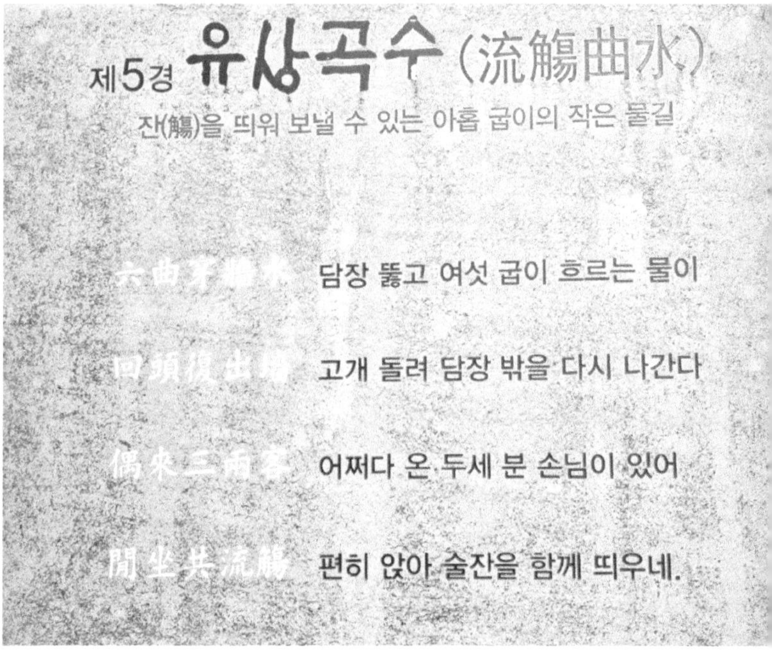

▲ 안채 전경

백운동시첩을 보면서 다산 정약용의 시 사랑을 담은 죽란시사를 떠올린다. 죽란시사竹欄詩社는 정약용이 만든 시모임이다. 당대의 재상인 체제공의 아들 채홍원과 동갑내기였던 다산은 남인계 청년들을 규합하여 시모임을 만들었다. 죽란竹欄이란 명칭은 대나무로 엮어 만든 울타리에서 유래한다. 다산은 유독 꽃과 나무를 좋아하여 집 마당에 석류, 매화, 복숭아나무, 살구나무, 치자나무, 산다화, 금잔화, 은대화, 파초, 벽오동, 국화, 부용화 등을 심고 가꾸어 나갔다. 꽃과 나무가 상할까 봐 화단 둘레에 쳐 놓았던 대 울타리竹欄가 다름아닌 죽란이다. 다산은 과일나무와 꽃으로 가득 찬 울타리 안에서 다정한 벗들과 술 마시고, 시를 지으며 풍류를 즐길 줄 아는 인물이었다. 모임의 규약도 사뭇 시적이다.

"살구꽃이 필 때 한 번 모이고, 복숭아꽃이 막 피면 한 번 모인다. 한여름에 참외가 익으면 한 번 모이고, 서늘해지면 서지西池에서 연꽃 구경하러 한 번 모인다. 한 해가 저물 무렵 분에 매화가 피어나면 또 한 번 모인다. 모일 때마다 술과 안주, 붓과 벼루를 장만하여 술을 마시고 시를 읊도록 한다."

백운동정원의 내원 가운데 중심이 되는 건물인 안채에는 추사의 서체로 쓰인 '자이당自怡堂'이란 현판이 걸려 있다. 자이는 백운동정원을 처음 만들었던 이담로의 6대손인 이시헌(1803~1860)의 호로 '스스로 즐거움을 맛보는 집'이란 뜻을 지니고 있다. 이시헌은 10세의 어린 나이에 다산 정약용의 제자가 되어 슬하에서 배웠고, 차에 관심이 많아 나중에 이덕리가 지은 『동다기』를 필사해서 기록으로 남겼다.

좀 더 일찍 방문했더라면 안채로 오르는 계단 옆 화단에서 활짝 핀 모란꽃을 볼 수 있었을지도 모른다. 아쉽게도 방문일이 오월 말이어서인지 꽃은 다 지고 푸른 잎만 무성했다.

화단 옆을 자세히 들여다보니 뚝뚝 떨어진 모란꽃 몇 개가 처연하게 나뒹굴고 있었다. 강진에 와서 자꾸 모란꽃을 떠올리는 것은 서정시인 영랑의 모란에 대한 아름다운 시가 오랫동안 기억에 남아서인지 모르겠다. 오랜만에 그의 시를 되새겨본다.

모란이 피기까지는

모란이 피기까지는
나는 아직 나의 봄을 기둘리고 있을 테요
모란이 뚝뚝 떨어져 버린 날
나는 비로소 봄을 여읜 설움에 잠길 테요
오월 어느 날 그 하루 무덥던 날
떨어져 누운 꽃잎마저 시들어 버리고는
천지에 모란은 자취도 없어지고
뻗쳐 오르던 내 보람 서운케 무너졌느니
모란이 지고 말면 그뿐 내 한 해는 다 가고 말아
삼백예순 날 하냥 섭섭해 우옵네다
모란이 피기까지는
나는 아직 기둘리고 있을 테요 찬란한 슬픔의 봄을

▼ 안채 화단의 시든 모란꽃

추사 김정희 현판은 수소실守素室에서도 볼 수 있다. 유상곡수를 바라보며 차를 마시고 정담을 나누던 선비들의 모습이 그려진다. 수소실 마루에 다구가 정갈하게 놓여 있어 운치를 더해 준다. 오월의 푸르른 나무와 연못 정원 그리고 초가집 정자에서 햇차를 마시는 것만으로도 무릉도원의 어디쯤 닿을 수 있지 않을까 잠시 상념에 젖어 본다.

▼ 수소실

내원을 나와 안운제까지 걸어 가보기로 하였다. 대나무 숲이 우거져 초여름 햇살에도 시원함과 청량함이 느껴졌다. 가는 길은 거칠게 자란 풀로 어디선가 뱀이라도 나올 분위기다. 가는 내내 발아래 풀숲을 예의주시하며 조심스레 걸었다. 하지만 안운제에 당도했을 때 적이 실망하였다. 그곳엔 관리되지 않은 정자 하나가 우뚝 서 있고, 그 아래 작은 저수지는 나무와 풀이 어지럽게 자라서 근처에 다가서기도 힘들었다. 정원과 호수를 잘 연결한다면 멋진 풍광이 나올 수 있을 텐데 방치되고 있다는 느낌을 지울 수가 없었다.

돌아보니 백운동정원의 외원은 크게 두 구역으로 구분이 되어 있었다. 하나는 대나무 숲과 그 가운데로 이어지는 산책로이고, 다른 하나는 월출산에서 흘러 내려오는 계곡과 계곡 주변에 조성된 원림이 그것이다. 위쪽으로 쭉 올라가면 월출산 다원으로 길이 이어져 있어 잘 조성된 차밭을 감상할 수가 있다. 차밭은 일전에 방문할 때 둘러보았으므로 이번에는 가지 않았다.

▲ 백운동정원 이정표

백운동 원림은 동백나무를 비롯한 다양한 수종이 어우러져 울창한 숲을 이루고 있다. 계곡 주변에 빽빽한 나무들 사이에 들어서면 금방 속세와 단절된 느낌을 받게 된다. 계곡물이 그렇게 많지 않아 물소리는 들을 수 없지만 새소리가 걷는 이의 귀를 즐겁게 해 준다.

▲ 백운동 원림

▲ 백운동 대나무 숲길

담장 밖으로 잘 조성된 대나무 숲은 백운동정원의 품격을 한층 높여준다. 대나무는 선비의 기상과 지조를 상징하는 것으로 널리 알려져 있다. 줄기가 곧게 자라는 모습은 곧은 마음을, 대나무 안이 텅 비어 있는 것은 재물을 탐내지 않는 텅 빈 마음을 나타낸다. 동양 전통에서 교육받은 인간의 대명사인 사군자四君子안에 대나무가 들어가 있는 것도 우연이 아니다. 나무도 풀도 아니지만 사계절 내내 푸르름을 간직하고 있는 대나무를 흠모했던 윤선도의 오우가五友歌 제5수가 문득 떠오른다.

나무도 아니고 풀도 아닌 것이, 곧게 자라기는 누가 시켰으며,
또 속은 어찌하여 비어 있는가?
저렇고도 사철 늘 푸르니, 나는 그것을 좋아하노라.
(고산 윤선도, 오우가 제5수)

지난해 첫 방문을 하고도 정원의 전체 구조며, 주변 환경을 제대로 파악도 하지 못하였으나 이번 탐방을 계기로 백운동정원을 좀 더 깊게 이해할 수 있는 계기가 된 것 같아 뿌듯하다. 자연, 인물, 역사, 생태, 문화 등이 어우러진 공간을 완상하는 것에서 얼마든지 소소한 행복을 느낄 수 있다.

11.

보성 제암산 더늠길

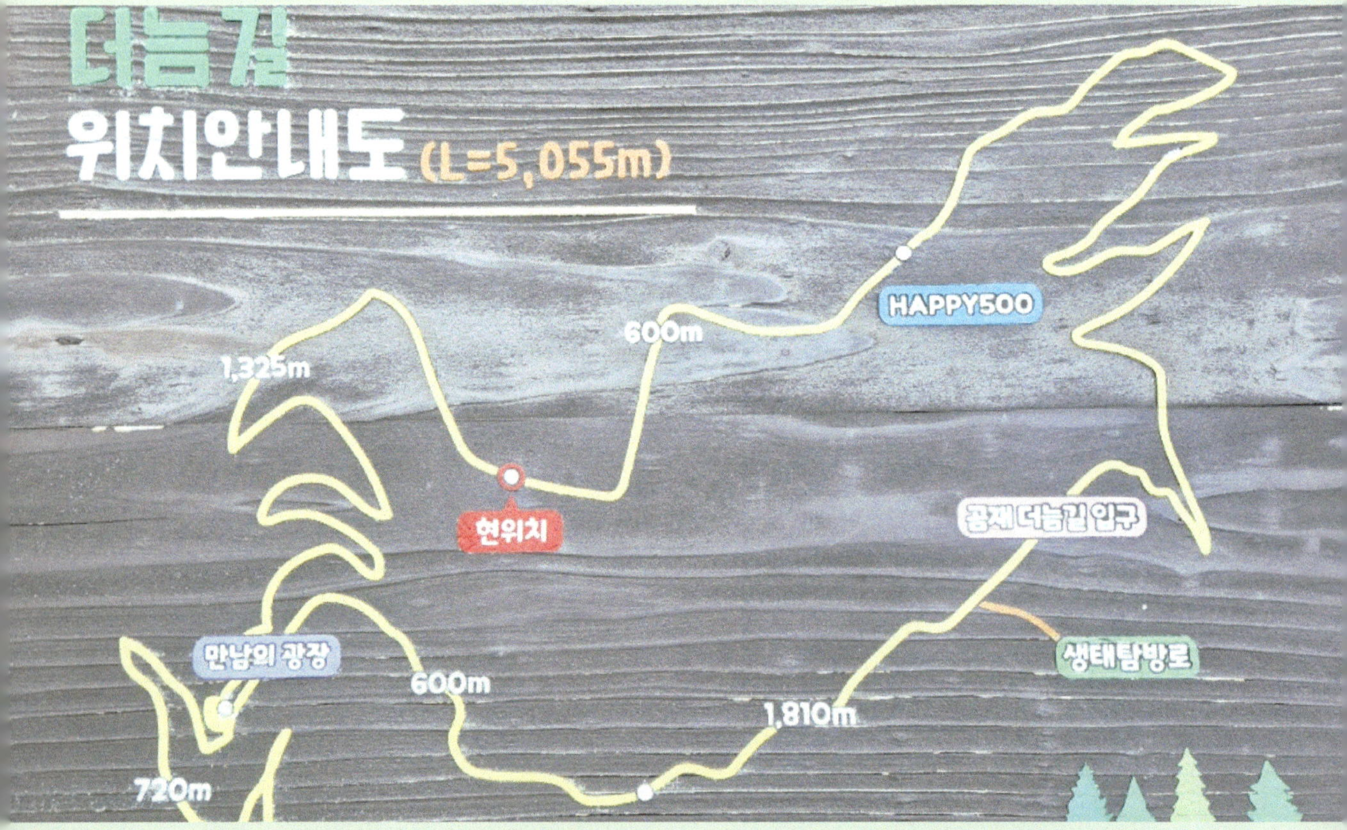

▲ 제암산 더늠길 안내도

제암산은 전라남도 보성군과 장흥군에 위치한 산으로 해발 고도 807m의 높이를 자랑하는 남도의 명산 중의 하나이다. 제암帝岩은 임금 바위란 뜻인데, 정상에 있는 커다란 바위를 향해 주변의 바위들이 엎드려 있는 형상을 보여주는 데서 그 이름을 따왔다고 한다.

제암산은 철쭉군락지가 해발 630m 부근에 위치하고 있어 매년 오월이면 온 산을 붉게 물들여 장관을 이룬다. 특히 제암산과 사자산 사이의 곰재에서 곰재산 위의 산불감시초소와 여기서 사자산으로 오르는 능선 안부의 간재까지가 최대 철쭉군락지로 꼽힌다. 정상에 오르면 득량만의 드넓은 바다 전경과 함께 사방으로 천관산, 월출산, 무등산, 팔영산 등 남도의 명산들을 한눈에 조망할 수 있다.

제암산은 보성군에서 공들여 만든 자연휴양림으로 유명하다. 휴양림 안에 숙박 시설과 캠핑 시설이 잘 갖추어져 있고, 최근에는 곰썰매, 짚라인 등 놀이 시설이 설치되어 쉼과 놀이를 함께 할 수 있는 공간으로 거듭나고 있다.

오늘 제암산을 방문한 것은 바로 명품 숲길로 조성된 더늠길을 더듬어 걷고자 해서이다. 서편제의 고장답게 보성은 가는 곳마다 판소리와 관련된 명칭이 눈에 띈다. '더늠'이란 용어도 원래 판소리에서 유래한 말이다. 이 말은 판소리의 유파에 따라 계승되어 오는 특징적인 대목이나 음악적 스타일을 지칭할 때 표현되는 말이다. 어떤 명창이 부른 판소리의 특정한 대목이 만인에게 공감을 주고 격찬을 받게 되면 그 대목은 누구의 '더늠'이라고 말하게 되고 그 더늠은 후배 명창들에 의해 계승되는 식이다. 가령 판소리에 전해오는 유명한 더늠으로는 권삼득의 《흥보가》 중 〈제비후리러 나가는 대목〉, 임방울의 《춘향가》 중 〈쑥대머리〉, 염계달의 《수궁가》 중 〈토끼 욕하는 대목〉 등이 있다.

▼ 더늠길 전경

제암산 더늠길은 명창이 판소리를 할 때 독특한 방식으로 다듬어 곡조를 뽑아내듯 산의 향기와 풍광을 체험할 수 있도록 산의 품속에 무장애데크길을 멋지게 조성해 놓은 곳이다. 총길이가 5km를 넘을 정도로 산의 곳곳을 발로 걸어서 체험할 수 있도록 설계한 것도 놀랍지만, 뜨거운 햇볕이 내리쬐는 날에 나무 사이의 시원한 바람을 만끽할 수 있어서 치유 받는 느낌이 들었다.

구간마다 나무의 종류와 수령도 달라 단조로움을 덜어 주었다. 굴참나무와 같은 활엽수 군락을 지나기도 하고, 일본에서 들여와 조성했다는 삼나무 숲도 지난다. 소나무, 전나무 등 침엽수가 집단 서식하는 편백 나무숲을 지나기도 했다.

보성 출신 박유전이 서편제의 창시자라는 사실은 잘 알려져 있다. 정응민은 정재근으로부터 서편제의 전통을 전수받았으나 동편제와 조화를 통해 자신만의 독특한 판소리 세계를 구축하였다. 오늘날 우리에게 익히 알려진 조상현, 성창순과 같은 명창들이 모두 그의 가르침에서 나왔다는 사실만 보더라도 보성이 판소리의 고장임을 짐작할 수 있게 한다.

무장애데크길 중간 중간에 설치된 보성의 역사 인물에 대한 소개 또한 눈길을 끌었다. 대다수의 경우 임진왜란과 정유재란 당시 국가와 백성의 안녕을 위해서 헌신하신 의병들의 행적을 기록하여 소개하고 있었다. 대중에게 널리 알려지지 않았으나 드러나지 않은 곳에서 나라가 위기에 처했을 때 목숨을 바쳐 싸운 의로운 분들이 있었기에 오늘날 우리가 그나마 편안하게 살고 있지 않나 생각해 보게 된다.

보성이 충절의 고장으로 알려진 것은 유학자 출신으로 왕자의 교육을 맡기도 했던 죽전 박광전 선생이 앞장서 의병을 일으킨 데서 기인한다. 박광전은 의병을 일으키는 격문을 지역에 써서 많은 지역민들이 의병 활동에 가담하도록 독려하였다. 임계영을 포함한 안방준, 송홍렬, 박사길 등 보성 출신의 충신들은 죽전 선생의 충절에 영향을 받은 인물들이다. 보성 의병들은 호남의 식량자원을 지키고, 조달하는 역할을 맡아 호남 지역의 전투는 물론 멀리 영남지방의 전투를 승리로 이끄는데 공헌을 하였다.

▲ 서편제의 계승자 정응민(1896~1963)

▲ 보성 출신 의병장 임계영(1528~1597)

보성 출신 임계영은 임진왜란이 일어나자 보성 지역에서 의병을 일으켜 지역을 방어하였을 뿐만 아니라 멀리 전북, 경남, 경북 지역까지 원정을 나가서 혁혁한 공을 세웠던 것으로 보인다. 우리에게도 익히 알려진 진주성 전투에 참가하여 대승을 거두기도 하였다.

보성 지역의 의로운 전통은 나라가 위기에 처했던 일제강점기에도 그대로 이어지고 있다. 그 중 한 사람이 우리가 학창 시절 대종교의 창시자로 배웠던 인물 나철(1863~1916)이다. 문과에 급제하여 한때 관직 생활을 하기도 하였으나 을사늑약이 체결되자 분연히 일어나 을사오적을 처단하고자 암살을 기도하였으나 실패하였다. 10년을 선고 받았으나 고종의 특사로 1년 만에 풀려나 구국운동의 일환으로 종교운동에 헌신하였다. 대종교는 대한민국의 시조인 단군을 숭상하는 종교로 일제 치하 박해를 피해 만주로 피신하기도 하였으나 점차 한반도에서 기반을 잡아 대종교인들은 대거 독립운동에 참여하였다. 일제가 대종교를 탄압한 이유는 조선의 독립과 민족사상을 고취한다는 데서 찾을 수 있다.

▼ 보성 출신 민족운동가 나철(1863~1916)

숲길을 걷는 사이 살짝 시 한 편이 날아들어 발길을 멈추게 한다. 이 숲에서 이해인 수녀님의 시를 만나다니 그렇게 반가울 수가 없다. 그녀의 시는 언제나 순수하며, 읽는 순간 동심의 세계로 빠져들게 하는 힘이 있다. 신록이 그윽한 숲 한 가운데서 6월의 숲을 노래하고 있는 시인의 청아한 목소리를 더하니 영혼이 맑아지는 것 같다.

6월의 숲에는

초록의 희망을 이고
숲으로 들어가면

뻐국새
새 모습은 아니 보이고
노래 먼저 들려오네

아카시아꽃
꽃 모습은 아니 보이고
향기 먼저 날아오네

나의 사랑도 그렇게
모습은 아니 보이고

늘
먼저 와서
나를 기다리네

눈부신 초록의
노래처럼
향기처럼

나도
새로이 태어나네

6월의 숲에 서면
더 멀리 나를 보내기 위해
더 가까이 나를 부르는 당신

시를 찾다 보니 이해인은 6월의 찬가를 한 편만 쓴 것이 아니었다. 연작으로 세 편을 내리 발표한 것을 알고 나니 뜻밖의 선물을 받은 느낌이 든다.

6월의 장미

하늘은 고요하고
땅은 향기롭고
마음은 뜨겁다

6월의 장미가
내게 말을 건네 옵니다.

사소한 일로
우울할 적마다
'밝아져라'
'맑아져라'
웃음을 재촉하는 장미
삶의 길에서
가장 가까운 이들이
사랑의 이름으로

무심히 찌르는 가시를
다시 가시로 찌르지 말아야
부드러운 꽃잎을 피워낼 수 있다고

누구를 한 번씩 용서할 적마다
싱싱한 잎사귀가 돋아난다고

6월의 넝쿨장미들이
해 아래 나를 따라오며
자꾸만 말을 건네옵니다

사랑하는 이여
이 아름다운 장미의 계절에

내가 눈물 속에 피워 낸
기쁨 한 송이 받으시고
내내 행복하십시오

장미의 계절에 사랑을 노래하는 마음이 너무나 곱고, 용서와 화해를 구가하는 아름다운 시가 아닌가 생각이 든다. '무심히 찌르는 가시를 다시 가시로 찌르지 말아야 부드러운 꽃잎을 피워낼 수 있다.'고 노래한 구절에서는 장미꽃과 가시의 역설을 깊이 성찰해 보게 된다.

6월엔 내가

숲 속에 나무들이
일제히 낯을 씻고
환호하는 6월

생명을 향해
하얗게 쏟아버린
아카시아 꽃타래

6월엔 내가
빨갛게 목타는
장미가 되고

6월엔 내가
사랑하는 이를 위해
더욱 살아

끝없는 산향기에
흠뻑 취하는
뻐꾸기가 된다

산기슭에 엎디어
찬 비 맞아도 좋은
바위가 된다

숲속의 신록과 대자연 품속에 안기고 싶은 이에게 잔잔한 위로와 감동을 선사하는 시인의 연작시가 입가에 잔잔한 미소를 짓게 한다. 아카시아 향기가 과거의 향수를 부르고, 뻐꾸기 소리가 귓전을 맴돌 때면 초여름 고향 집에서 계절이 무르익는 느낌을 받았던 옛 기억이 새롭다. 풍성한 아카시아 꽃타래와 동시에 윙윙거리며 달려드는 꿀벌들의 분주함 그리고 외할머니에 대한 아련한 추억이 주마등처럼 머리를 스쳐 지나간다.

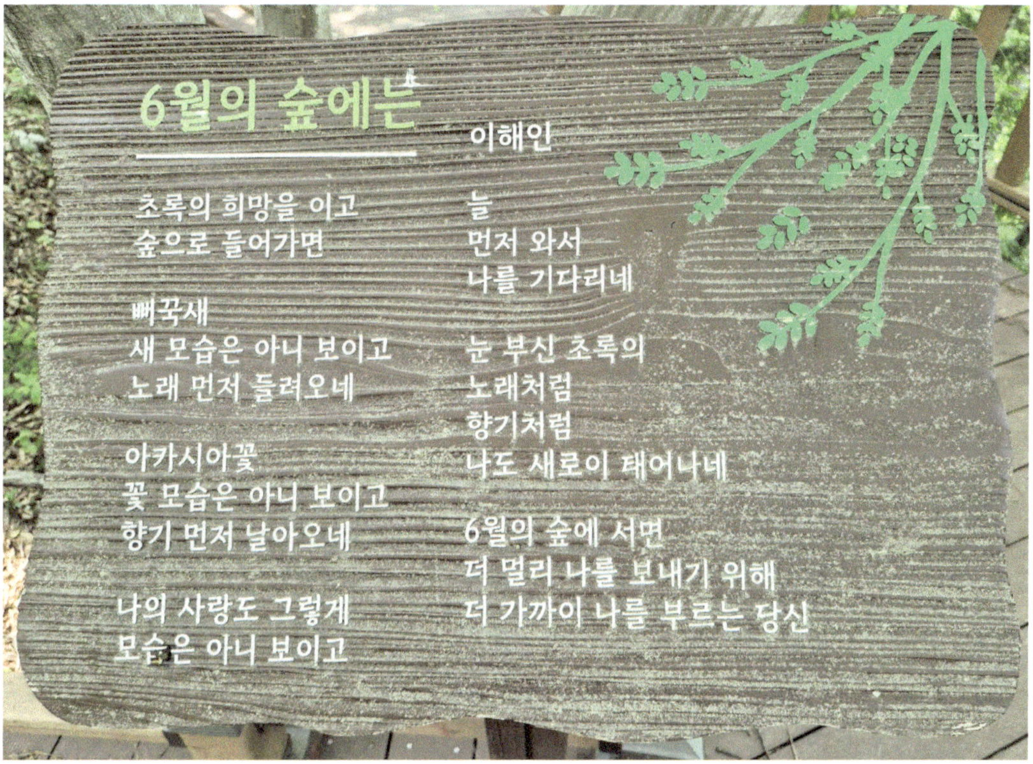
6월의 숲에는
이해인
초록의 희망을 이고
숲으로 들어가면
뻐꾹새
새 모습은 아니 보이고
노래 먼저 들려오네
아카시아꽃
꽃 모습은 아니 보이고
향기 먼저 날아오네
나의 사랑도 그렇게
모습은 아니 보이고
늘
먼저 와서
나를 기다리네
눈 부신 초록의
노래처럼
향기처럼
나도 새로이 태어나네
6월의 숲에 서면
더 멀리 나를 보내기 위해
더 가까이 나를 부르는 당신

▲ 이해인 시 '6월의 숲에는'

더늠길을 걷다가 올빼미 형상을 한 쉼터가 나타나 깜짝 놀랐다. 나무로 만들어진 자그마한 쉼터에서는 나무 의자가 있어 잠시 쉬어갈 수 있다. 안에 들어가 보고 싶었으나 남녀 한 쌍이 도란도란 이야기를 나누고 있어 겉모습만 사진에 담아 왔다.

올빼미는 원래 아테나의 신성한 동물이자 지혜의 여신과 가장 쉽게 연관되는 동물 중의 하나이다. 지혜의 여신 아테나 덕에 올빼미는 서구 세계에서 지혜와 배움의 보편적인 상징으로 남아 있다. 어원을 캐보니 고대 그리스에서 Athena는 종종 '밝은 눈의 Athena'로 명명되었다. 그리스어로 된 이 별명은 Glaukopis라고 불리며 올빼미 koukouvágia를 가리키는 그리스어 단어와 기원이 같다. 아테나 여신은 Athene noctua로 불리며, 보통 Athena의 새끼 올빼미 종의 작은 올빼미와 함께 표시된다.

하지만 우리나라에서 올빼미는 야행성 조류로서 음산한 울음소리 때문에 불길한 징조로 여겨왔다. 개체수가 급감하면서 희귀종으로 남게 된 올빼미는 1998년 멸종위기 야생생물로 지정되었다.

철학도인 나는 올빼미하면 가장 먼저 미네르바의 올빼미가 떠오른다. "미네르바의 올빼미는 황혼에야 날개를 편다."란 헤겔 『법철학』 서문에 나오는 명문 때문이다. 주지하다시피 '미네르바의 올빼미'는 지혜를 뜻하고, '날개를 편다'라는 말은 '깨달음'을 얻는다는 의미이다. '황혼'이란 말은 '일이 끝난 뒤'를 뜻한다. 이 경구는 종합해 보면 일이 끝난 뒤에야 비로소 진리를 깨닫는다는 가르침을 담고 있다. 헤겔과 니체의 철학이 사후에 평가 받는 것과 같이 어떤 사건이나 시대가 종결된 후에서야 그 진가가 밝혀진다는 해석을 할 수 있다. 어쩌면 이 말은 일이 지나고 나서야 진리를 깨닫는 인간의 유한성을 탁월한 비유를 통해서 잘 보여주고 있는지도 모른다.

▲ 올빼미 쉼터

더늠길 산중턱에 편백 나무 명상 숲은 이 숲길의 백미가 아닐까 싶다. 인간에게 이로운 피톤치드를 제공해 주는 편백 나무, 삼나무, 측백나무 군락이 형성되어 있어 이 근처는 상쾌함과 고요함이 감돈다. 이 구간은 무장애데크길에서 잠시 벗어나 흙길을 걸을 수 있다. 재미를 더하기 위하여 원목 그네와 원목 균형 잡기 놀이터가 조성되어 있다.

▲ happy 500 명상 숲

▲ 산림욕대

편백 나무 숲에는 원목 의자에 편하게 누워서 숲과 하늘을 볼 수 있는 산림욕대가 갖추어져 있다. 그 위에 누우니 세상 부러운 것 없다. 무성한 숲 사이로 밝은 햇살이 얼굴을 내밀고, 연초록 나뭇잎은 바람에 살랑거린다. 간간이 들리는 뻐꾸기 소리와 재잘거리는 새 울음소리는 자연의 오케스트라가 되어 귀를 즐겁게 해 준다.

명상 숲에서 나와 한참을 걷다 보니 더늠길 사이로 우거진 숲과 앞으로 탁 트인 전경이 펼쳐졌다. 좋은 숲과 공기에는 먼저 눈과 몸이 반응하고, 서서히 마음과 정신으로 맑은 기운이 전해온다. 이 길에서 멈춰서 산의 정령을 흠씬 체감한 후 가던 발길을 재촉하였다.

▲ 숲 우거진 더늠길 전경

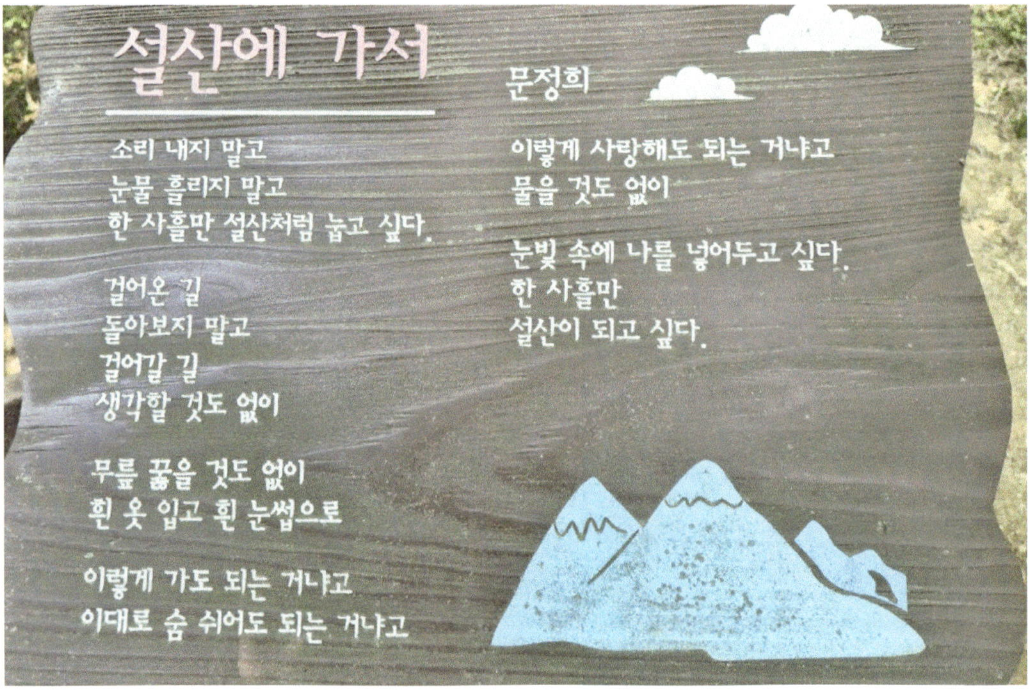

▲ 문정희 시 '설산에 가서'

지그재그 무장애데크길을 무심코 내려오다가 다시 반가운 시 한 편을 마주했다. 산과 쉼에 관한 시인의 심미안이 진한 감동으로 밀려온다. 설산처럼 눕고 싶어 나도 산과 숲을 좋아하고, 또 매번 찾는 것이 아니던가.

설산에 가서

<문정희 지음>

소리 내지 말고
눈물 흘리지 말고
한 사흘만 설산처럼 눕고 싶다

걸어온 길
돌아보지 말고
걸어갈 길
생각할 것도 없이
무릎 꿇을 것도 없이
흰 옷 입고 흰 눈썹으로

이렇게 가도 되는 거냐고
이대로 숨 쉬어도 되는 거냐고
이렇게 사랑해도 되는 거냐고
물을 것도 없이

눈빛 속에 나를 널어 두고 싶다
한 사흘만
설산이 되고 싶다.

시를 보면서 굳이 설산이 아니라도 제암산 더늠길 목조건물 안이나 캠프장에 텐트를 치고서 사나흘만 보낼 수 있다면 얼마나 좋을까 잠시 상념에 젖어 본다. 800m가 넘는 고지 정상을 오르지 않았어도 제암산 능선을 따라 지그재그로 난 무장애길을 하염없이 걷는 이번 숲 탐방은 좋았다. 온갖 수종의 나무와 꽃 그리고 그사이에 서식하는 곤충과 벌레, 나비, 새를 온몸으로 체험하였고, 역사와 문화 그리고 시의 세례까지 듬뿍 받았으니, 산속에서 이보다 더한 축복이 어디 있으랴.

12.

화순 만연산 오감연결길

▲ 만연산 치유의 숲 머릿돌

주말에 예정되어 있었던 화순행을 비 소식으로 앞당기게 되었다. 마침 목요일이 현충일이라 일정을 미루지 않고 실행할 수 있어 다행으로 여겼다. 휴일이지만 서둘러 화순으로 출발하였다. 만연산 주차장 입구에 당도한 시간이 아침 9시라 사람도 붐비지 않아 좋았다.

무등산이 국립공원으로 지정된 이후 화순 만연산 지구는 몰라보게 달라져 있었다. 만연산 치유의 숲이 정성스럽게 조성되어 시민들에게 휴식과 활력을 주는 공간으로 탈바꿈해 있었다. 고향이 화순이면서도 이렇게 변모한 줄도 모르고 매번 부모님 집만 잠시 들렀다 순천 집으로 돌아오기에 바빴던 나 자신이 무심하게 느껴졌다.

치유의 숲 조성 내용을 보니 화순군에서 국비와 군비를 투입하여 2011년부터 2017년까지 긴 시간과 공력을 들여 만들었음을 알 수 있었다. 만연산 자락의 숲에 존재하는 빛, 공기, 향기, 경관, 음이온, 피톤치드 등 다양한 산림치유인자를 토대로 인체의 면역력을 높이고 시민의 건강 증진을 위해 이렇게 멋진 숲을 조성했다고 한다.

어린 시절 화순에서 중학교에 다닐 때 오르기 힘든 산으로만 여겼던 만연산을 이제 산 중턱의 능선을 따라 횡단할 수 있게 되다니 생각만 해도 믿기지 않았다. 만연산 치유의 숲에는 치유의 숲 센터, 오감연결길, 치유 숲길, 큰재가는 숲길, 숲속체험장, 동구리 호수공원 등 산림치유를 위한 다양한 시설들이 마련되어 있어 선진국의 어느 산이나 숲에도 뒤지지 않는다는 자부심과 애향심마저 갖게 되었다.

이번 탐방은 만연산 주차장에서 시작하였다. 주차장에서 500m 남짓을 걸어가니 만연산 치유의 숲 센터가 나왔다. 6월이라 근처에 보랏빛 수국이 흐드러지게 피어 있었다. 센터 안을 둘러보니 탐방객이 와서 편히 쉴 수 있는 공간과 명상 쉼터가 마련되어 있었다. 안내 책자와 자료도 잘 구비되어 있어 산행하는 사람에게 도움이 될듯싶었다.

선정암으로 올라가보고 싶었으나 방향이 달라 이번에는 가지 않았다. 대신 원래 계획하였던 대로 지도에서 굵은 빨간색으로 표시된 오감연결길만을 따라 걷기로 했다. 이 길은 치유의 숲센터에서 만연폭포까지 연결되는 길로, 데크길과 흙길이 번갈아 등장해 지루함이 없고, 나무들도 침엽수와 활엽수가 교대로 나를 반겨주어 몸과 마음이 절로 치유되는 느낌을 받았다.

▲ 만연산 치유의 숲 조감도

만연산 정상은 668m로 산행하기에 적절한 높이를 지니고 있으며, 경사가 그리 심하지 않아 쉽게 올랐던 기억이 있다. 그때가 중학교 2학년 시절 일이니 그 사이 세월이 얼마나 지났는지 헤아리기 어려울 정도이다. 그 당시 마을의 형들(중학교 3학년)과 바로 아래 동생들(중학교 2학년)이 서로 단합을 위해 함께 산을 오르기로 했는데, 그 산이 바로 만연산이었다. 화순에 살면서도 읍내를 병풍처럼 두르고 있는 이 산을 흠모하고 있었는데 실제로 오를 수 있게 되어 얼마나 좋았는지 모른다. 만연산 정상에서 화순읍 전체를 조망했던 기억은 지금도 가슴을 설레게 한다. 그 당시는 청소년기였지만 선후배들이나 친구들끼리 이 산, 저 산을 함께 오르며 우의를 다지고 호연지기를 키웠던 시절이었다.

▲ 오감연결길 초입

화순 만연산이 국립공원 무등산의 한 자락임을 이번에 처음으로 알게 되었다. 오감연결길을 걸으면서 만연산 일부가 무등산 국립공원 지구에 편입되었다는 안내판을 여기저기서 보면서 내가 태어난 고향에 대한 자부심이 우러나왔다.

고향에서 자랄 때만 해도 화순이라는 고장이 탄광 지역 외에 수입원이 없어 얼마나 가난했던지 광주에서 고등학교와 대학을 다닐 때 부끄러운 생각을 했다. 지역의 대표 관공서인 읍사무소가 전국에서 제일 낙후되었다는 소문이 있을 정도였으니 지역의 가난과 낙후성은 은근히 나의 애향심을 저해하였다. 하지만 시간이 많이 흘러 공장 대신 화순에 대학병원이 들어서게 되고, 제약 회사 단지가 조성되면서 청정 화순으로 거듭나게 되었다는 사실이 얼마나 다행인지 모른다. 청정 자연의 보고에 이렇게 치유의 숲을 근사하게 조성하여 시민에게 기쁨과 건강까지 선사해 줄 수 있으니 이보다 더 좋을 수가 없다.

만연산 중턱의 소나무 군락은 보기만 해도 기상이 넘친다. 6월의 녹음이 이른 아침부터 피톤치드를 뿜어낸다. 피톤치드는 원래 식물이 만들어 내는 살균작용을 지닌 화합물을 지칭할 때 쓰이는 말이다. 숲에서는 피톤치드가 휘발성으로 존재하며 호흡기나 피부로 인체에 흡수되어 인체 건강 유지와 면역력 향상에 많은 도움을 준다.

엽록소 양이 많은 여름철에 피톤치드가 많이 나오며, 그 농도는 해가 뜨고 질 때 가장 높게 나타난다. 수종에 따라서도 그 농도가 달라지는데 소나무, 잣나무, 삼나무, 편백 등에서 높은 경향성을 보인다고 한다. 그렇다면 지금, 이 순간이야말로 산림욕을 즐기기에 가장 좋은 시기가 아닐까?

선물 같은 하루를 소나무 숲 한가운데서 걷다 보니 발걸음이 절로 가볍다. 걷다가 가끔 산 정상과 그 위 파란 하늘과 구름을 한 번씩 쳐다보다가, 또 발아래 아련하게 보이는 화순 읍내 풍경을 바라보면서 둘레길 종점인 만연폭포를 향해 계속 나아갔다.

오감연결길 중간 즈음에 흥미로운 표지판을 만났다. 나도 이미 알고 있는 내용이긴 하지만 화순 만연산과 만연사가 다산 정약용과 깊은 인연이 있다는 사실이다. 유배지인 강진과 다산의 상관성은 익히 알려져 있지만, 소년 다산과 화순이 연결되어 있다는 사실을 아는 사람은 드물 것이다.

▲ 만연산 소나무 숲

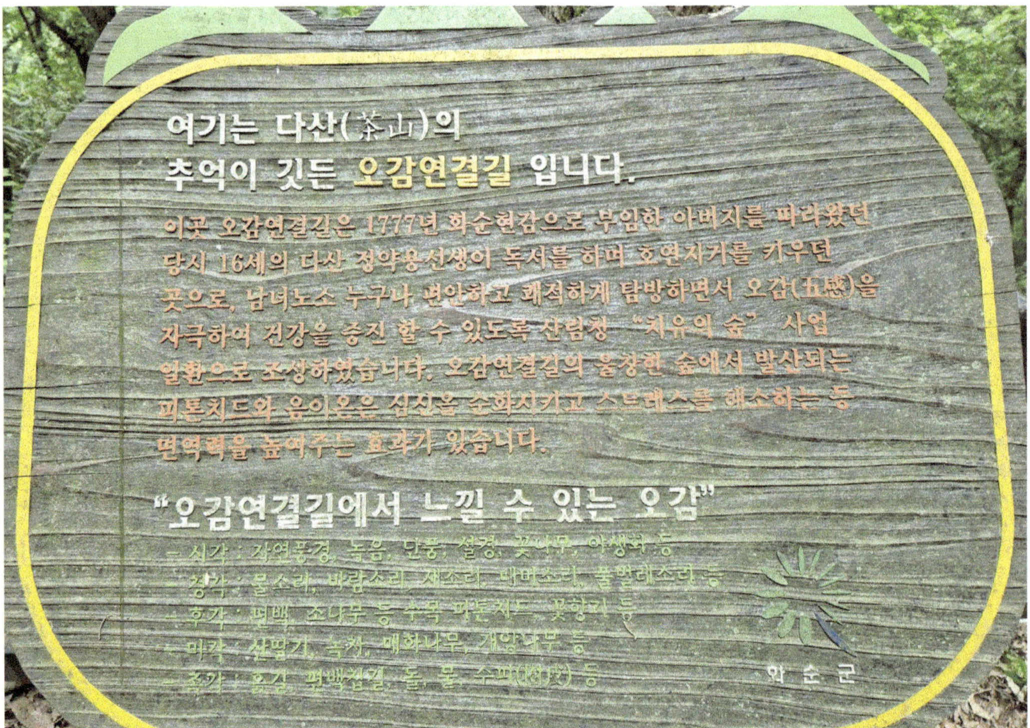

▲ 만연산 오감연결길 안내판

다산 정약용은 1777년(정조 1년) 16세 때 아버지인 정재원이 화순현감이 되자 형제들과 함께 화순으로 내려와 살았다. 이 시기 다산은 이 지역의 명물인 화순 적벽과 서석산(무등산의 옛 이름)을 유람하면서 호연지기를 키웠다. 화순에 머무르는 동안 다산은 <맹자>를 주로 탐독하였고, 정약전과 독서한 내용을 밤을 새워가며 토론하였다.

"옛날 무술년(1777년, 정약전 21세, 다산 17세) 겨울 아버지께서 화순 현감으로 계실 때인데, 나와 둘째 형은 동림사東林寺에서 독서했다. 40일 만에 나는 '맹자' 한 질을 모두 읽었다(중형은 '서경'을 읽었다). 미묘한 말과 뜻에 허락해 주심이 많기도 했다. 얼음물로 세수를 하고 이를 닦으며, 눈 내리는 밤에 잠을 이루지 못하고 토론을 계속했는데, 요순시대의 이상사회를 이룩하는 데 대한 이야기였다."('선중씨 정약전 묘지명')

청소년기에 몸과 마음을 갈고 닦으며, 원대한 이상을 꿈꾸었던 두 형제의 아름다운 이야기가 정약전의 묘비명에 잘 기록되어 있다. 이 둘은 독서의 취향은 달랐지만 학문적 대화와 토론을 이어갔고, 어려운 환경에서도 수양을 게을리하지 않았다. 만연산 자락에서 자기를 수양하던 두 형제의 모습이 아름다운 풍경으로 지나간다.

화순에서의 독서가 훗날 <목민심서>, <경세유표>, <흠흠신서>와 같은 대작을 남긴 원동력이 되었다. 실제로 그는 이 시기의 공부와 독서가 자신의 학문을 뒷받침하는 버팀목이 되었다는 기록을 <동림사독서기>에 남기기도 하였다.

좌우로 둘러보니 세상 번뇌 사라지고
절문에 들자 맑은 생각 일어나네
젊은 시절 재주만 믿고 있다간
나이 들면 대부분 바보스럽지
이를 경계해 느리거나 소홀히 말자꾸나
가는 세월 참으로 허무하거니.

동림사는 원래 만연사 동쪽에 있는 암자로 불경을 설법하는 스님이 기거한 곳이었다. 다산은 정약전과 이곳에서 40일 동안 불경 소리와 게송을 들으면서 산사 생활을 간접 체험하였다. 동림사가 있었던 터에 현재는 '동림사지'라고 쓰여 있는 표지석과 다산이 지은 <동림사독서기>가 비석에 우리말로 새겨져 있다.

동림사에서 독서하다

서양(화순의 옛 지명)에 마음 닦는 암자들이 많지만
동림사가 그윽하고 상쾌하구나
오래된 숲과 골짜기 정취 좋아하여
잠시 아침저녁으로 부모봉양 미루고 지낸다
투명한 개울에 걸쳐놓은 징검다리 너머
느릿느릿 걸어 푸른 산자락에 올랐어라
쌀알 같은 잔설은 응달진 비탈에 남았고
언 이파리 상수리나무에 높이 붙어 있네
뒤돌아보자마자 세상 번뇌 흩어지고
산문 안에 드니 맑은 생각 피어나네.

다산은 화순에 기거하는 동안 무등산에도 오르고 동복에 있는 물염정을 찾아가 아름다운 경치를 구경했다. 만연사의 연담蓮潭 유일唯一 스님을 만나 2년 넘게 불교에 관한 토론도 활발하게 하였다. 성리학만을 추앙하던 조선 시대에 불교의 스님들과도 허심탄회한 교류와 대화를 이어갔으며, 훗날 신학문인 천주교에도 개방적인 마음을 지녔던 다산이야말로 진정 열린 지성인의 선구자가 아닐까, 하는 생각이 든다.

▲ 오감연결길

오감연결길에서 느낄 수 있는 오감은 구체적으로 어떤 것일까? 오감이야 인간이 지닌 다섯 가지 감각이므로 쉽게 짐작할 수 있다. 시각, 청각, 후각, 미각, 촉각 등이 그것이다. 숲을 거닐면서 이 모든 감각이 깨어나고, 연결될 수 있다니 그저 기쁠 따름이다.

- 시각: 자연풍경, 녹음, 단풍, 설경, 꽃나무, 야생화 등
- 청각: 물소리, 바람소리, 새소리, 매미소리, 풀벌레소리 등
- 후각: 편백, 소나무 등 수목 피톤치드, 꽃향기 등
- 미각: 산딸기, 녹차, 매화나무, 개암나무 등
- 촉각: 흙길, 편백 칩길, 돌, 물, 수피 등

▲ 녹차나무

▼ 수국

오감연결길 초입에서 보았던 수국과 길을 한참 걷다가 만난 잎사귀가 풍성한 녹차 나무는 만연산 생태계의 건강함을 잘 보여주고 있다. 놀라운 사실은 만연산에도 녹차가 자생하고 있다는 점이다. 보고, 듣고, 냄새 맡고, 만지고, 음미할 수 있는 아름다운 자연이 곁에 있다는 것만으로도 우리는 어쩌면 소확행(작지만 확실한 행복)을 느낄 수 있을 것이다.

녹차 나무가 무성한 길을 지나 걷다 보니 어느새 '만연폭포' 푯말이 눈에 들어온다. 도착하여 흘러내리는 물줄기를 보면서 적잖이 실망하고 말았다. 이것도 폭포란 말인가?

▼ 만연폭포

만연폭포를 둘러보고 원래 출발하였던 숲 체험센터까지 원점으로 다시 돌아왔다. 만연사 주차장에 차를 세워 두었기에, 만연사를 가보지 않을 수 없다. 산사가 오래전보다 훨씬 정돈되어 있다는 느낌을 받았다. 나무에 주렁주렁 열린 연등을 보니 신비한 느낌마저 들었다. 산사 뒤 만연산 정상과 하늘, 구름을 한눈에 담았다. 만연사 주변을 에워싸고 있는 소나무 숲이 병풍처럼 두르고 있어 대웅전을 포근하게 안고 있는 듯하다. 대웅전 부처의 자비와 다산의 학문에 대한 열정과 정기를 듬뿍 안고 나는 고향에 계신 부모님을 만나러 발길을 돌린다.

▼ 만연사 대웅전

13.

순천 송광사 무소유길

▼ 승보사찰조계산송광사 표지석

석가탄신일에 가려던 송광사 불일암을 드디어 가게 되었다. 길상식당 주차장에 차를 대고 매표소에 들어섰다. 입장료를 더 이상 받지 않는다는 안내문이 걸려 있었다. 생각지 못했는데 무료입장에 기분이 좋았다. 입구에 '승보사찰조계산송광사'라는 표지석이 날 반겼다.

내 관심사는 송광사 절보다는 법정 스님이 기거했던 불일암과 그곳으로 가는 숲길에 있었으므로 안내판을 따라 숲길로 들어섰다. 이 암자는 법정 스님이 봉은사 다래헌에서 조계산으로 내려와 고려시대 송광사 승려였던 자정국사의 자정암 폐사지에 직접 건물을 올렸고 불일암이라는 편액을 건물 앞에 내걸면서부터 시작되었다.

불일암 편액 ▶

▼ 불일암 안내판

13. 순천 송광사 무소유길

송광사 불일암 무소유길은 법정 스님께서 살아계실 때 자주 걸었던 길이다. 이 길은 대나무 숲은 물론 삼나무, 편백 나무, 상수리 나무 등이 어우러져 아름드리 숲을 이루고 있다.

▼ 불일암 오르는 돌계단 길

▲ 불일암 가기 전 대나무 숲

대나무 숲을 오르다가 스님이 생전 말씀하시던 '아름다운 마무리'에 대한 표지판을 보게 되었다. 비움과 내려놓음에 대한 무소유 철학이 간명하게 담겨 있어 몇 번이나 되새기며 불일암까지 올랐다.

아름다운 마무리는
처음의 마음으로 돌아가는 것이다.
아름다운 마무리는 내려놓음이다.
아름다운 마무리는 비움이다.
아름다운 마무리는
용서이고, 이해이고, 자비이다.

고요한 대나무 숲에서 이보다 더 큰 가르침이 어디 있겠는가. 불교의 가르침이 결국 방하착放下着으로 귀결된다고 한다면 내가 가지고 있는 욕망을 덜어내고, 비워 내는 일이야말로 우리가 일상에서 지속적으로 수행해야 할 덕목일 것이다. 삶의 마지막에서 법정 스님도 중국 고대 선승의 화두를 우리에게 던지고 있다.

1975년 송광사 뒷산에 손수 불일암을 짓고 기거하면서 스님은 불교신문사 주필을 맡아 매달 한 편의 글을 써서 사람들과 소통하였다. 세상과의 소통은 송광사 수련원장을 지낼 때도 이어졌다. 신도는 물론 일반 사람들도 절에 들어와 산사 체험을 하면서 자신을 정화하고 수련할 기회를 제공하였다.

법정 스님은 1992년 무소유의 삶을 실천하기 위하여 불일암을 버리고 홀연히 강원도 산골 오두막으로 거처를 옮겼다. 식기와 다구 외에 일체의 물건을 방에 두지 않고 자신이 설파한 무소유의 삶을 몸소 실천하고자 하였다.

하지만 세상의 요구를 등질 수 없어 1997년 서울 성북동에 길상사를 창건하였다. '맑고 향기롭게'라는 운동과 잡지가 창건된 것도 길상사 시기와 맞물린다. 2010년 3월 스님은 열반에 들었고, 육체는 다비식을 거행하여 한 줌의 재로 돌아갔다. 화장 후 사리를 불일암 앞 스님이 그토록 애지중지했던 후박나무 아래 안치에 두었다.

▼ 불일암

▲ 법정 스님 사리가 있는 곳

불일암에 올라 스님이 가장 아끼던 후박나무를 보고, 직접 짓고 기거하였던 암자를 본 후 뒤편 언저리에 있는 자정국사 부도 묘광탑을 둘러보는 것도 좋다. 절마다 여기저기에 부도탑을 설치해 놓았지만 이곳 부도탑은 단아한 모양새에 기품이 있어 아름다운 건축미를 보인다. 부도탑 언저리에서 불일암 전체 모습을 관망할 수 있으며, 발아래 세수간과 암자 앞 텃밭을 한꺼번에 조망할 수 있다.

▼ 제7대 자정국사 부도 묘광탑

불일암 전면에 법정 스님 사진이 걸려 있다. 자애롭게 하얀 이를 드러내 보이며 웃고 계시는 선한 모습이 인상적이다. 눈가에 주름이 흘러간 세월을 말해 주지만 강직하면서도 기품 있는 스님의 자태는 언제 보아도 미소를 짓게 한다.

스님의 사진 아래 <맑고 향기롭게>라는 작은 책자가 비치되어 있어 하나를 가져왔다. 바로 옆에 스님의 약력과 저술을 소개하는 작은 책갈피도 귀하다 싶어 들고 왔다. 스님이 지으신 <아름다운 마무리>에서 발췌한 한 구절을 다시 음미해 본다.

세상의 흐름에 휩쓸리지 말라.
분노를 행동으로 옮기지 말라.
자신의 행동을 항상 살피라.
말을 많이 하지 말라.
공허한 말, 남을 웃기려는
말을 하지 말라.
다툼이 있었으면 해가 지기 전에
바로 화해하라.

법정 스님 사진 ▶

불일암을 둘러본 후 우람드리 나무로 성장한 후박나무를 먼발치에서 바라보았다. 스님은 이곳에 안 계시지만 어쩌면 그의 영혼은 후박나무, 흙, 바람, 구름, 하늘 어딘가에 우리와 함께 호흡하고 있을지도 모를 일이다. 불일암에서 우리는 후박나무를 통해서 간접적으로 스님을 만날 수 있다.

불일암을 나와 오던 길로 가지 않고 감로암 쪽으로 발길을 돌렸다. 불일암에서 감로암 가는 숲길은 사람들에게 잘 알려지지 않았을 뿐 아니라 숲이 빼곡하게 우거져 혼자 사색하며 걷기 좋은 길이다. 6월의 녹음도 짙어져 연두색에서 연녹색으로 새 단장을 하고 있고, 초여름의 서늘한 기운을 내뿜어 주니 기분이 나아지고, 걷는 발걸음도 가벼워진다.

▼ 감로암 가는 길

감로암甘露庵은 송광사에 속하는 부속 사찰의 하나로 고려시대 송광사 제6대 국사인 원감국사 충지冲止가 창건한 사찰이다. 이 암자는 원감국사가 원래 수행하였던 김해 감로사에서 그 이름을 따왔다고 한다. 이후 조선 말기 고종 16년인 1879년에 경원과 재신 등이 대대적인 중창을 하였고. 1920년에는 성봉이 또 한 차례 중창을 했으나 한국전쟁으로 방화가 되면서 폐사가 되어 폐허로 있던 이곳에 일심화 보살이 시주하여 1971년과 1976년 두 차례에 걸쳐 중건된 뒤 송광사 산내 암자 중 유일한 비구니 수행도량이 되었다고 한다. 현존하는 당우로는 2층 누각 형식을 취한 관음전과 원통문 그리고 2동의 요사가 있다.

감로는 원래 '단 이슬'이라는 뜻으로 보살계법서에서 언급되는 용어이다. 보살계란 일천 성인을 세우는 땅이며, 만 가지 좋은 일의 기본이 되는 세계이다. 불교에서 수도를 하는 중생은 감로의 문을 열고 보리(참 진리)의 길로 들어서게 된다. 보살계는 성불의 지름길이며 부처로서의 삶의 본보기이다. 이처럼 감로암은 불교 수행의 도량으로서 큰 의미를 지닌 곳이다.

새로 단장한 감로암의 경내를 둘러보고 발길을 송광사로 돌렸다. 송광사는 해인사, 통도사와 더불어 삼보사찰三寶寺刹의 하나로 승보사찰僧寶寺刹(훌륭한 스님을 가장 많이 배출함으로서 얻어진 이름)로서 유서가 깊은 절이다.

▲ 감로암 전경

송광사에는 3대 명물이 있다. 하나는 능견난사能見難思이다. 이것은 12~13세기 중국 금나라 시대일 것으로 추정되는 원형 그릇이다. 현재는 송광사 박물관 안에 전시되어 있으며, 특이한 제작 기법으로 인해 500개가 한 번에 포개져도 크기가 정확히 맞게 만들어졌다고 한다. 다른 하나는 쌍향수雙香樹이다. 이 나무들은 천연기념물 제88호로, 약 800살로 추정되는 곱향나무 두 그루를 말한다. 송광사의 암자 중 하나인 천자암에 있으며, 사제지간의 온후한 정을 상징적으로 나타낸다. 그리고 세 번째는 비사리구시飛沙離鼓匙이다. 18세기 후반에 만들어진 것으로 추정되는 느티나무로 만든 대형 용기이다. 주로 절의 큰 행사 때 참배객들에게 공양을 주기 위해 주먹밥을 담아 놓는 용도로 사용되었다. 전해 내려오는 말에 따르면, 비사리구시는 1742년 남원 세전골에 있었던 큰 싸리나무가 쓰러지자 이것을 가공하여 만들었다고 전해지며 송광사 대중의 밥을 담아 두었던 것으로 쌀 7가마분(4천 명분)의 밥을 담을 수 있었다고 한다.

송광사 대웅전과 절 부속건물을 돌고 나오는 길에 죽은 나무 한그루가 우뚝 서 있는 것을 보게 되었다. 이 나무는 원래 송광사의 고향수로 불리며, 송광사를 창건한 보조국사 지눌知訥(1158~1210)이 짚고 다니던 향나무 지팡이를 땅에 꽂아 자라난 나무라고 한다. 이 나무는 오랜 시간이 흘렀지만 천년세월 변치 않고 의연하게 그 자리에 서 있다.

▲ 송광사 비사리구시

▲ 송광사 고향수

송광사 고향수

<일지스님 지음>

오호라 천년세월 변치 않는 고향수
어지럽게 날뛰는 천만 송이 번뇌여
점점이 뾰쪽한 나무 끝에 내려앉으니
붉은 용광로에 한 점 눈이라 흔적 없네

일찌기 의연한 모습 닮은
게으른 납자 있어
단정히 앉아 철야정진
도모하지 않았고

선지식 찾아 일주문 밖을
나서지도 않으며
출입의 선정에는
더더욱 들지 않나니

두 다리 걸어 올린 육감정
흐르는 물에 젖지 않고
누각 아래에는
고기들이 한가롭게 노니네

출처: 불교신문(http://www.ibulgyo.com)

보조국사 지눌은 한국불교사에서 대각국사 의천 이래 가장 빛나는 업적과 영향을 끼친 사람이다. 고려 시대 승려는 왕권과 결탁하여 호가호위하였으나 지눌은 세속의 부귀영화 일체를 버리고 정혜결사定慧結社운동을 하여 지금의 조계산 송광사에 정혜사(후에 수선사)를 정한 후, 민중에게 더 가까이 다가가기 위해 철저한 수행과 수도로서 포교에 힘쓰면서 정치·권력·안락을 과감히 버렸다. 정혜쌍수의 귀감으로 민중의 지지를 받자 초심을 잃을까 염려했던 지눌은 홀연히 몸에 지닌 가사 1벌만을 가지고 산속에서 뼈를 깎는 고행을 하였다. 그는 스승을 따로 정하지 않고 홀로 수행하며 도를 찾았으며, 자유롭게 경론과 선어록에 깊이 빠져 독자적인 선禪사상의 체계를 세웠다. 또한 귀족과 민중의 차별을 버리고 평등 포교를 강조하여 사회적으로 큰 영향을 끼쳤다.

선암사의 멋진 풍경을 연상할 때 떠올리는 곳이 승선교라면, 송광사의 아름다운 풍광은 삼청교에서 찾을 수 있다. 삼청교는 조계산에서 내려오는 개천을 지나 송광사로 들어갈 수 있도록 만들어진 다리이고, 우화각은 이 다리 위에 지어진 누각을 부르는 이름이다. 1707년에 최초로 지었고, 1774년에 대대적으로 보수를 했다. 다리 아래에는 용머리 모양의 장식이 있는데 악한 기운을 막아준다고 한다.

불일암, 무소유길 그리고 송광사 경내를 한 바퀴 돌고 편하게 앉아 쉴 수 있는 공간이 삼청교와 우화각이다. 앉을 곳이 있어 잠시 목을 축이며 개천의 아래 풍경과 위 풍경을 번갈아 완상했다. 사람들은 아름다운 모습을 카메라에 담기에 분주하다. 다리 건너로 일주문과 고향수가 눈에 들어왔다.

송광사의 멋진 풍경은 여러 곳에서 찾을 수 있겠지만 건축과 자연이 하나의 조화를 이룬 모습은 우화각에서 바라 본 침계루의 단아한 모습이 아닐까 싶다. 물과 바람, 숲과 나무의 향기가 영혼을 정화해 주는 느낌마저 든다. 산행의 고단함과 심신의 피로도 어느덧 사라지고, 시나브로 나는 평정심을 되찾는다.

▲ 우화각에서 바라본 침계루

14.

고흥 팔영산 편백 나무 치유의 숲길

▼ 고흥팔영산의 등산로와 숲길

고흥 팔영산은 코로나 19가 한창이던 2021년 7월 25일(일요일) 아침 7시에 집을 나서 점암면에 있는 오토캠핑장 주차장부터 시작하여 8개의 봉우리를 모두 등정했던 기억이 있다. 한여름 뙤약볕을 무릅쓰고 땀범벅 상태로 봉우리 사이를 분주하게 오르던 게 엊그제 같은 데 벌써 3년이 지났다. 사회적 거리 두기가 한창이던 터라 사람들을 만날 수도 없고, 밀집 지역을 함부로 갈 수 없던 터라 주말이면 나는 홀로 인근의 산을 찾아 시대의 한을 달래곤 했다.

팔영산은 원래 팔전산八顚山, 八田山으로 불리던 것이 금닭이 울고 날이 밝아 햇빛이 바다 위로 떠오르면 이 산의 봉우리가 마치 창파에 떨어진 인쇄판 같은 모습을 보여 '영影' 자가 붙었다는 설이 있다. 백두대간의 끝자락에 위치한 팔영산은 해발고도 608m를 자랑하며, 여덟 개의 봉우리마다 표지석이 새겨져 있다. 제1봉은 유영봉(491m), 제2봉은 성주봉(538m), 제3봉은 생황봉(564m), 제4봉은 사자봉(578m), 제5봉은 오로봉(579m), 제6봉은 두류봉(596m), 제7봉은 칠성봉(598m), 제8봉은 적취봉(591m)이다.

팔영산 등반의 묘미는 산등성이를 따라 걷다보면 남쪽으로 다도해의 풍광을 한 눈에 조망할 수 있으며, 한여름에도 걷다 보면 시원한 바닷바람이 불어와 수시로 땀을 식힐 수 있다는 것이다. 봉우리마다 암벽이 도사리고 있어 가파른 난간을 오를 때면 스릴감을 맛볼 수 있고, 어쩔 때는 발아래 낭떠러지를 보면서 오싹한 순간을 느낄 수도 있다.

▲ 팔영산 치유의 숲길 입구

14. 고흥 팔영산 편백나무 치유의 숲길

팔영산에는 신라 시대에 창건된 능가사라는 절이 있다. 대웅전과 동종이 보물로 지정되어 있을 정도로 역사적, 문화적 가치를 품고 있는 사찰이다. 천연림이 잘 자라는 탓에 팔영산은 자연휴양림을 조성하여 많은 사람들에게 휴식처를 제공하고 있다. 팔영산에는 30년 이상 된 편백 나무 숲이 416ha의 면적에 우거져 있어 치유 및 힐링의 최적 입지로 꼽힌다.

치유의 숲에 들어서자마자 비가 온 뒤라서인지 청명한 편백 나무 향이 온몸으로 스며든다. 등산로에는 설치한 지 얼마 되지 않은 야자매트가 가지런하게 깔려 있다. 비에 젖은 매트 위를 걷자니 발걸음이 더욱 가벼워진다. 지난 금요일과 토요일 밀린 일 처리하느라 컴퓨터 앞에서 종일 씨름하다 무거워진 몸과 마음이 한결 가벼워지는 느낌이다. 숲에 올 때마다 늘 생각하는 것이지만 오기 전 망설임은 항상 오길 잘 했다는 안도감으로 바뀐다는 사실이다.

▼ 팔영산 편백 나무 치유의 숲 오솔길

편백 나무 사이로 난 오솔길은 때론 자연그대로 흙길로 되어 있기도 하고, 때론 반반한 돌로 가지런하게 정돈되어 있어 걷는 재미가 있다. 나무는 비슷한 모양으로 서서 도열을 하고 있는 모양새다. 이 나무, 저 나무가 얼굴을 내밀며 어서 오라고 몸짓을 한다. 아무런 조건 없이 맞아주는 이런 나무들과 숲을 난 사랑하지 않을 수 없다. 평탄한 길을 걸으며 마음에 켜켜이 쌓인 짐을 자연의 품에 한 움큼 덜어 낸다.

천국으로 가는 계단과도 같이 편백 나무숲 사이로 난간 데크길이 시원하게 펼쳐져 있다.

▼ 난간 데크길

▲ 나무와 흙으로 만든 오르막 오솔길

나무와 흙으로 얼기설기 조성된 오솔길은 어릴 적 뛰놀던 철길의 침목처럼 정겹기만 하다.

맨발로 걷는 길도 시원하게 마련되어 있어 등산화를 벗고 금방이라도 흙길을 걷고 싶을 정도다. 맨발로 숲길을 걷다 보면 흙, 모래, 돌멩이, 흙 뿌리를 발바닥으로 밟게 되고 저절로 자연의 지압 효과를 얻을 수 있다. 발바닥이 자극을 받으면서 혈액 순환이 촉진되고, 온 몸의 면역력도 상승된다. 숲에서 만나는 나뭇가지, 풀, 곤충 등 무심코 지나쳤던 것들이 하나씩 눈에 들어오고, 편백 나무가 품어내는 피톤치드 향기는 코를 자극한다. 몸과 마음이 가벼워지고, 어느새 머릿속까지 개운해 진 느낌을 받게 된다. 이번에는 비온 뒤 젖은 길이라 맨발 걷기를 다음 기회로 돌렸다.

▲ 맨발로 걷는 길

▲ 편백 나무 치유의 숲 전경

편백 나무는 하늘 높은 줄 모르고 쭉쭉 뻗어 있다. 울창하게 자란 나무숲은 비온 뒤라 더욱 청명하고, 나무들은 맑은 공기를 밖으로 힘껏 뿜어낸다. 편백 나무 가지 사이로 자라고 있는 활엽수도 귀여움을 뽐낸다. 진한 숲 내음에 취해서 느리게 걷다 보니 속세는 저만치 멀리 있다. 단지 몇 걸음 숲 속으로 들어왔을 뿐인데 마치 다른 세상에 와 있는 착각을 느낄 정도이다. 지난여름 얼마나 많은 일과 걱정들로 하루하루를 보냈는지 모른다. 유난히 뜨거웠던 여름만큼 열정적으로 살아왔던 시간들이 파노라마처럼 스친다. 적어도 이 순간만큼 내 자신을 오롯이 자연에 내어 주고, 몸도 마음도 텅 빈 상태에서 숲을 빠져 나갈 수 있으면 좋겠다.

야자수 매트 길 ▲

야자매트가 언제부터인가 등산길에 등장하여 널리 퍼졌다. 제주 올레길에 첫 선을 보이더니 이제는 등산로, 둘레길을 조성한 곳이면 어디서든지 쉽게 볼 수 있게 되었다. 매트 위는 딱딱한 흙이나 돌길 보다 포근하다. 먼지도 잡아 줄 수 있고, 미끄럼도 방지해 준다. 내구성도 좋아 한번 설치하면 적어도 5년 이상 거뜬하게 사용할 수 있다. 무엇보다도 친환경 소재이므로 부식이 되더라도 토양에 곧바로 유기질 비료의 역할을 할 수 있다. 기계로 제작한 것보다 수공으로 제작할 경우 꼬임이 견고하고 튼튼하여 더욱 오래 쓸 수 있다.

어제 비로 흠뻑 젖은 야자매트 위를 투박하게 걸었다. 매트와 흙이 더욱 일체가 된 것을 체감하며 어떤 존재도 시간이 지나면 점차 자연의 일부가 되겠구나하는 생각이 들었다. 야자매트만 흙으로 돌아가는 것이 아니다. 우리 인간도 결국 언젠가는 흙과 일체가 되어 사라지는 존재이다. 야자매트 길을 걸으며 난 인간 존재의 유한성에 관한 사유를 이어갔다.

▲ 숲길 안내도

팔영산 치유의 숲 센터에서 바로 숲 속으로 들어와 이곳저곳을 걷다가 중간에서야 숲길 안내도를 좀 자세히 들여다보았다. 큰 그림으로 보니 안내도가 있던 장소가 치유의 숲의 한 중심이었다는 것을 알게 되었다. 난 입구에서 숲속쉼터를 크게 돌아 중심점을 찍고 숲속 전망대에서 멀리 남해 바닷가를 조망한 다음 풍욕장이 있는 노란 길을 따라 원점 회귀를 했다는 사실을 알았다. 센터의 건물이 보일 무렵 목교를 지났고, 계곡물을 모아 사방댐을 막아 놓은 현장을 눈으로 보았기 때문이다.

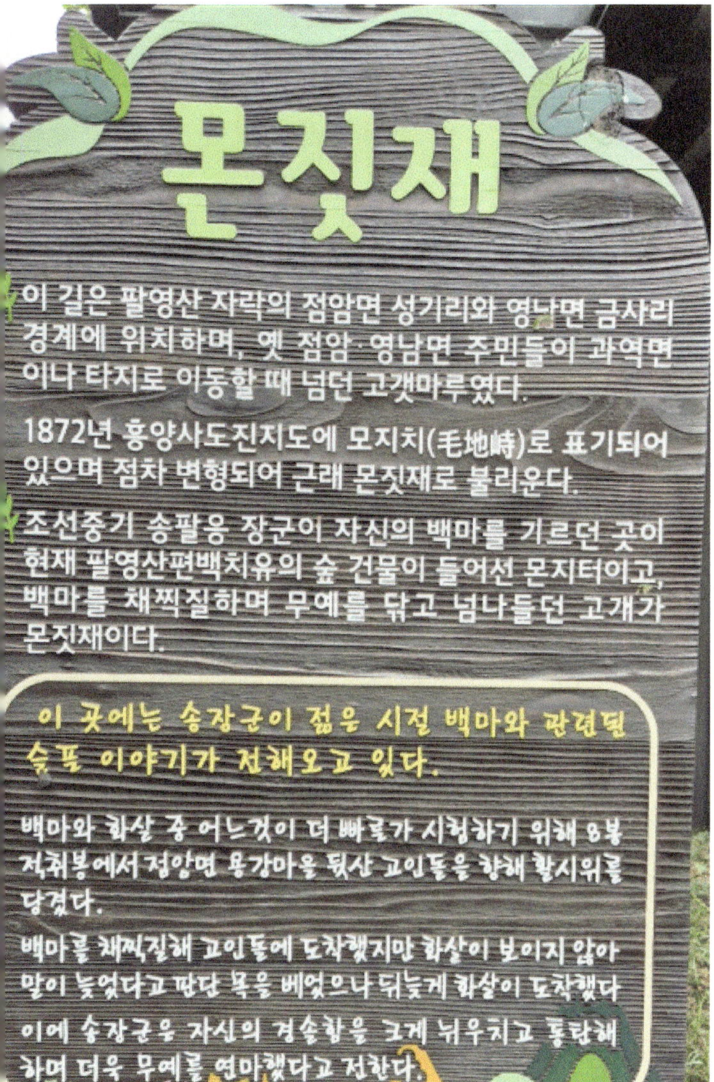

몬짓제 ▲

몬짓재는 고흥의 영남면과 점암면의 시목, 영남면과 점암면의 강산 쪽으로 도로가 개설되기 전까지 영남면 지역(만호, 능정, 사도마을 등) 주민들이 인근의 발달 지역인 점암과 과역시장을 나가거나 타지로 이동할 때 넘는 고갯마루였다. 조선 시대에는 송팔응 장군이 자신의 백마를 키우고, 무예를 닦았던 터전이기도 하였다. 그는 팔영산 봉우리 사이로 화살을 쏜 다음 자신의 백마로 하늘을 날아 화살을 잡았을 정도로 무예가 뛰어났다는 전설이 전해져온다.

▲ **서낭당의 모습**(출처: http://m.mokyoclub.com/news/articleView.html?idxno=3972)

비교적 험한 고갯마루였던 터라 이곳엔 서낭당이 조성되어 액운을 막고, 행운을 기린 흔적이 남아 있다. 새색시가 가마타고 험한 길을 오를 때, 팔영산 나무꾼들이 땔감을 구하러 갈 때, 등산객들이 산을 오르내릴 때, 조선시대 전라좌수사 관하였던 고흥군 관내 여도, 녹조, 발포진을 관할하던 사도진첨사(종3품)가 보임할 때 이곳을 오르내리며 서낭당에 소원과 함께 돌탑을 쌓아왔다. 서낭당은 원래 서낭신을 모신 신역으로서 신앙의 장소이다. 이곳을 내왕하는 사람들은 돌, 나무, 오색 천 등 무엇이든지 놓고 지나다녔다. 물론, 그곳의 물건을 함부로 파거나 헐지 않는 금기가 지켜짐은 말할 나위가 없다. 서낭당의 형태는 여러 가지가 있으나, 서낭나무에 잡석을 난적亂積한 누석단이 있고, 이 신수에 백지나 청 · 홍 · 백 · 황 · 녹색 등의 오색 비단 헝겊을 잡아맨 형태가 대부분이나, 이곳처럼 잡석을 자유롭게 쌓은 돌무덤 형태로 남아 있는 것도 많다.

▲ 숲속 전망대에서 바라 본 호수와 바다

숲속 전망대가 고갯마루 정상에 잘 조성되어 있다. 나무로 만든 데크를 형상화하여 사방을 조망하도록 만들어져 있어서 방향을 달리하며 둘러보았다. 정상에서 바닷가 쪽을 먼저 바라본 다음, 반대편 뭍의 풍광도 물끄러미 바라보았다. 뭍 방향과 달리 바다 쪽 풍광은 나쁘지 않았다. 세우비가 내린 탓에 흐린데다가 안개까지 겹쳐 탁 트인 조망이 나오지는 않았으나 오히려 그로 인해 신비감을 자아내는 장면을 포착할 수 있었다. 근거리의 생동감 넘치는 나무들과 중간의 호수(저수지) 그리고 멀리 아련하게 섬과 바다의 모습이 한 폭의 동양화를 연상시켰기 때문이다. 정상에서 내려오는 길 내내 하늘 위에 먹구름이 가득 차 있었고, 날이 갤 기미가 없었다. 오전 두 시간 남짓 치유의 숲을 크게 돌아 걷는 동안 비는 내리다 그치기를 반복하여 나는 비를 막아줄 숲이 없는 곳에서는 우산을 쓰고 바삐 걸었다.

집에 돌아와 사진을 정리하다가 찍힌 장소가 궁금하여 지도를 펼쳐 보니 중간에 보이는 저수지의 이름이 시목저수지였다. 그리고 멀리 바닷가에 와도, 오도, 취도 등과 같은 섬들이 만 사이에 여기저기 흩어져 있고, 제일 먼 곳에 있는 섬이 내나로도라는 사실을 알게 되었다. 신비감을 그대로 두지 못하고 풍경마저도 다 지리적으로 확인하려는 일종의 탐구 병에 스스로 놀라기도 하지만 중학교 때부터 지리를 좋아했던 나로서는 어딜 가든지 공간의 위치를 확인하려드는 습성을 어쩔 수 없다.

▲ 명상데크

정상에서 원점으로 돌아오는 길목에서 명상데크를 만났다. 편백 나무숲 사이로 탁자와 의자가 놓여 있고, 넓은 공간의 목재 바닥에서 명상을 할 수 있도록 공간이 잘 꾸며져 있다. 비가 내려서 명상의 시간을 별도로 갖지는 않았지만 한적한 곳에서 자기 자신을 돌아 볼 수 있는 최적의 장소가 아닐까 하는 생각이 잠시 들었다.

날이 좋았다면 안내문에 나온 대로 편안한 자세로 앉아 눈을 감고 허리를 곱게 편 상태에서 온몸의 힘을 빼고 이완을 해 보았을 터이다. 명상 자세에서 흔히 하듯 손바닥이 하늘을 향하게 하고 무릎 위에 살며시 올려놓은 상태에서 날숨과 들숨을 따라 호흡을 한다면 숲과 내가 하나가 되는 체험을 할 수도 있었을 것이다.

숲을 빠져 나오는 길은 가파른 등산로 형태로 조성되어 있어서 내딛는 걸음을 살포시 하면서 조심스레 내려왔다. 목교를 지나자 명상 쉼터와 치유의 숲 시설이 눈에 들어왔다. 안에 들어가서 체험을 해 보고 싶었으나 보는 것만으로 만족하고 장소를 빠져 나왔다.

15.

완도수목원 오감로드

▼ 완도수목원 호수 전경

순천과 서울을 오가는 삶 속에서 멀리 완도까지 올 일은 거의 없다. 그런데 작년에 이어 완도를 다시 방문하게 되었다. 지역아동센터 컨설팅을 하고 있는 터라 전남의 이곳저곳을 다닌 경험은 있으나 작년에 청산도, 올해는 고금도에 있는 지역아동센터를 연이어 방문하게 되었다. 자주 오는 기회가 아니라 하루 전날 미리 와서 완도의 바다와 해안 공원을 산책하면서 여유로운 시간을 보냈다. 전복의 고장답게 전복과 해산물로 차려진 식도락도 여행의 즐거움을 더해 주었다.

주말 오후 컨설팅 일정이 있었으므로 오전 시간을 이용해 완도수목원을 둘러보기로 했다. 예전부터 궁금한 장소였기 때문에 수목원 찾아가는 길은 기대와 설렘으로 가득 찼다. 햇살 가득한 청명한 가을 날씨에 하늘은 푸르고, 솜털 구름은 두둥실 떠 있고, 먼 산과 물가의 난대성 식물들은 녹색의 향연을 펼치고 있었다. 하늘과 구름, 먼 산과 물가의 난대성 식물들을 번갈아 보면서 내 마음도 호수의 잔잔한 물결과 같이 늘 평온하기를 빌어 보았다. 좀 더 일찍 이곳에 와 보았으면 좋았을 걸 하는 생각을 몇 번이고 되새기며 숲길로 발길을 재촉했다.

완도수목원은 2,000h가 넘는 방대한 면적과 약 4,000여종의 식물자원을 보유하고 있는 난대 식물의 보고라고 할 수 있다. 대부분이 상록활엽수이며, 그 중 붉가시나무가 전체 수종의 60%를 차지하고 있다. 잎이 넓고 청량한 향기가 나는 붉가시나무는 주로 가구, 선박용으로 쓰이며, 공기정화 능력이 탁월하다고 한다.

국가에서 관장하는 수목원답게 아열대온실, 산림박물관, 산림환경교육관, 전문소원을 두루 갖추고, 다양한 방식으로 교육, 연구, 전시 활동을 펼치고 있다. 완도수목원은 '2011 아름다운 숲 전국대회'에서 '아름다운 공존상'을 수상할 정도로 전국에서 아름다운 숲으로 꼽힌다. 완도수목원 안내도를 보니 수목원 안에 다양한 숲길을 조성해 놓고 있다. 한 시간 남짓 소요되는 오감로드, 수변 길을 포함한 90분 남짓 걸리는 힐링로드, 산기슭을 따라 2시간 정도 트레킹을 할 수 있는 트레킹로드가 그것이다.

이번에는 예정 없이 들른 곳이라 비교적 짧은 오감로드를 선택하여 걷기로 했다. 유료주차장에 차를 주차하고 육림교를 건너니 오른편에 사계정원이 나타났다. 사계정원은 계절별로 야생화의 아름다움과 청초함을 느낄 수 있도록 아담하게 꾸며진 공간이다. 가족 단위 혹은 소규모 단체 방문객을 위한 프로그램이 이곳에서 이루어진다. 계단을 따라 아래로 내려가면 저수지 옆길로 수변데크가 조성되어 있어 산과 물 사이에서 조용한 치유의 시간을 가질 수 있다. 여름에 피던 범부채, 옥잠화, 벌개미취가 하나둘 자취를 감추고, 가을로 접어들면서 구절초, 해국, 털머위, 꽃범의 꼬리 등이 새롭게 모습을 드러내고 있었다.

사계정원에서 산림박물관 가는 길이 선명하게 안내되어 있다. 이정표가 잘 되어 있어 완도수목원 내에서는 어디서나 내가 있는 곳을 정확하게 알 수 있다. 내가 선택한 장소는 산림박물관, 학림교, 아열대온실 등으로 줄잡아 한 시간이면 느린 걸음으로 가볍게 둘러볼 수 있는 코스이다.

▲ 사계정원

1코스 (main course) : 1시간
방향식물원
학림교
산림박물관
동백전시원
생태체험장
현위치
백운로
향토공예원
산림박물관
산림박물관 가는길
(사계정원)
1코스

▲ 오감로 둘레길

▲ 동백나무 숲길

겨울에 왔더라면 동백꽃이 핀 길을 걸었을 텐데 지금은 동백꽃 대신 나무 아래로 꽃무릇이 돋아나고 있어 묘한 기분을 자아낸다. 동백꽃이 꽃무릇으로 환생을 하였을까?

꽃무릇은 석산石蒜(학명:Lycoris radiata)이란 학명을 가지며, 수선화과에 딸린 여러해살이 알뿌리식물이다. 산기슭이나 습한 땅에서 무리지어 자라며, 쓰임새가 요긴하기 때문에 유독 절 주변에서 많이 볼 수 있다. 뿌리에 방부제 성분이 함유돼 있어서 탱화를 그릴 때나 단청을 할 때 찧어서 바르면 좀처럼 좀이 슬거나 색이 바라지 않는다고 한다. 비늘줄기에 품은 유독 물질을 제거한 다음 얻은 녹말로 한지를 붙이면, 강력한 살균력 때문에 역시 좀이 스는 걸 방지할 수 있다고 한다. 8월 초에 잎이 사라지면 꽃대가 쑥 솟아나서 길이 1m가량 자란다. 9월에 꽃대머리에 산형꽃차례로 4~5개의 붉은 꽃이 커다랗게 핀다. 둘레길 가는 길 내내 꽃무릇이 고개를 내밀고 방긋 웃는다. 꽃을 보면서 걷는 길은 발걸음도 가볍다.

▲ 꽃무릇

▲ **완도수목원 산림박물관**(출처: https://www.siminsori.com/news/articleView.html?idxno=65966)

몇 분을 걸어 오르니 눈앞에 멋진 건물이 산 아래 풍채를 드러낸다. 완도수목원의 자랑거리인 산림박물관이다. 산림박물관은 미음(ㅁ)자 형태의 전통 한옥 건물이다. 실내로 들어서자 에어컨이 작동되지 않아서인지 덥게 느껴진다. 난대산림 수종에 대한 자세한 설명이 있어 침엽수만 보던 내게는 활엽수의 다채로움을 공부하는 계기가 되었다. 야생 동식물과 곤충의 표본들이 흥미롭게 전시되어 있다. 어렸을 때 잡아 놀았던 장수풍뎅이와 같은 곤충들을 보니 반갑기 그지 없다. 그런데 해가 갈수록 이런 희귀한 생물이 지구상에서 사라진다고 하니 가슴 아픈 일이 아닐 수 없다.

▲ 규화목

산림박물관 앞에 독특한 형태의 돌 형상이 눈에 들어왔다. 안내 표지판에 따르면 규화목이라고 한다. 규화목(silicified wood)은 식물이 화석화되어 생장의 모습이 남아있는 광물을 지칭하는 명칭으로, 규화목이 대표적이다. 쉽게 말하면 나무에 광물 성분이 삼투(또는 광충 작용, permineralization) 작용을 일으켜 완전히 돌로 바뀐 경우다. 억겁의 시간 동안 나무가 돌이 된 사연을 바로 눈앞에서 보고 듣다니 그저 신기할 따름이다.

▲ 석영

지구의 표면은 대개 산소, 규소, 알루미늄, 철, 칼슘, 나트륨, 칼륨, 마그네슘 등으로 이루어져 있다. 이 중 산소와 규소로만 구성된 광물이 있으니, 이를 우리는 석영이라고 부른다. 산림박물관 건물 앞에 다양한 석영들이 전시되어 있어 발길을 사로잡았다. 여러 개의 산소와 규소가 결합하여 단단하면서도 독특한 형상을 자아내는 차돌이 지구의 역사를 온몸으로 말해 주는 듯하다.

석영은 색깔이 없는 경우도 있으나 투명한 형태로 나타나기도 한다. 석영 중에서도 결정의 모양이 잘 나타나고 투명한 것은 수정이라고 부르며, 대개 보석으로 쓰이기도 한다. 철 성분이 들어가게 되면 보랏빛을 띠게 되는 데 이런 수정을 '자수정'이라고 하고, 티탄 성분이 들어가면 연분홍빛을 띠는데 이를 '장미석영'이라고 한다. 열에 의해 연노랑으로 변한 수정을 '황수정', 수정의 형성 과정에서 결정이 불규칙하게 자라면서 회색이나 흑색을 띠게 되는데 이를 '연수정'이라고 부른다. 산림박물관 앞에서 내가 본 것은 회색과 흑색인 것으로 보아 연수정의 가능태가 아닐까 생각해 본다.

오감로드 중간 중간에 쉬어 가는 의자가 가지런하게 놓여 있다. 의자 옆에는 나무로 된 동물의 형상이 놓여 있어 미소를 짓게 한다. 노루, 사슴, 고라니와 함께 의자에 앉아 나무와 숲, 숲속에 사는 식물과 동물, 그리고 인간과 자연의 조화에 대해서 생각해 본다. 문득 이해인 수녀님의 가을 시 한편을 떠올려 본다.

▼ 쉼터

내 마음의 가을 숲으로

1

하늘이 맑으니
바람도 맑고
내 마음도 맑습니다

오랜 세월
사랑으로 잘 익은
그대의 목소리가
노래로 펼쳐지고
들꽃으로 피어나는 가을

한 잎 두 잎
나무잎이 물들어
떨어질 때마다

그대를 향한
나의 그리움도
한 잎 두 잎
익어서 떨어집니다

2

사랑하는 이여
내 마음의 가을 숲으로
어서 조용히
웃으며 걸어오십시오

낙엽 빛깔 닮은
커피 한 잔 마시면서
우리, 사랑의 첫 마음을
향기롭게 피워 올려요
쓴맛도 달게 변한
오랜 사랑을 자축해요

지금껏 살아온 날들이
힘들고 고달팠어도
함께 고마워하고
앞으로 살아갈 날들이
조금은 불안해도
새롭게 기뻐하면서

우리는 서로에게
부담 없이 서늘한 가을바람
가을하늘 같은 사람이 되기로 해요

학림교를 지나자 바로 오른편 위쪽으로 아열대온실이 나타났다. 하지만 햇살도 따갑고, 날씨도 후덥지근하여 들어가지 않았다. 혹 기회가 된다면 겨울에 완도에 올 일이 있을 때 추위도 피할 겸 아열대 식물을 둘러보고 싶다. 교육관리동이 있는 원점으로 회귀하는 길은 시멘트로 된 임도와 숲속 길 두 갈래가 있다. 휴게 쉼터를 돌아 아래로 내려오면 계곡 쉼터로 내려가는 목조데크 길이 숲속으로 나 있는데, 나는 그 길을 따라 숲의 향기를 맡으며 계곡과 사방댐의 풍광도 놓치지 않았다.

내려오는 길에 참나무를 소개하는 안내판에 눈길이 갔다. 도토리나무와 상수리나무 정도만 알고 지냈으나 참나무 종류가 이렇게 다양하며, 그 열매의 크기가 다채로운 줄 처음 알게 되었다. 억새와 갈대도 구분이 쉽지 않은데 안내판에 잘 정리되어 있었다.

가시나무, 종가시나무, 붉가시나무, 개가시나무, 참가시나무, 졸가시나무가 이곳 남도에서 가장 널리 서식하는 종류라고 한다. 이 중 붉가시나무가 완도수목원의 60%를 차지할 정도로 많다. 낙엽이 지는 참나무로는 떡갈나무, 상수리나무, 굴참나무, 신갈나무, 갈참나무, 졸참나무 등이 이곳에서 자라고 있다. 이름도, 모양도 비슷하지만 같은 듯 다른 모습으로 숲을 지켜주고 있다. 옹기종기 작은 열매를 보면서 새삼 '도토리 키 재기'라는 말의 의미를 느끼게 되었다.

▼ 참나무 종류와 다양한 열매들

▲ 억새와 갈대의 차이

억새와 갈대는 가장 흔히 보는 식물이지만 구분이 어려울 정도로 비슷한 모양을 취하고 있다. 이곳에 마련된 교육용 자료를 통해 가을에 진면목을 보이는 두 식물을 구별할 수 있는 감식안을 갖게 되었다. 억새가 주로 산이나 들에서 자라지만, 갈대는 강가나 습지에서 자란다. 내가 거주하고 있는 순천의 습지에 10월이면 갈대가 장관을 이룬다. 반면에 인근 무등산 정상에는 사람 키를 훌쩍 뛰어넘는 억새가 넘실거린다. 줄기에서도 차이가 난다고 한다. 억새는 속이 꽉 차 있는 반면, 갈대는 속이 텅 비어 있다. 억새가 더 무거울 것이고, 갈대는 피리를 만들어 불기에 적합할 것이다. 꽃 색도 갈대가 갈색을 띠는 데 비하여 억새는 자주 빛을 띤 황갈색 은빛을 지니고 있어 가을 햇살에 반짝거림이 보석같이 빛난다.

▲ 갈대(출처: http://www.seniormaeil.com/news/articleView.html?idxno=37254)

문득 얼마 전 작고하신 신경림의 '갈대'라는 시가 떠오른다. 신경림 시인은 1936년 충북 충주 출생이며 1955년에 문학예술에 '갈대', '묘비' 등이 추천되어 등단했다. 이 시를 대하면서 파스칼의 '인간은 생각하는 갈대'라는 말을 떠올리게 되었다. 시인은 갈대를 바라보면서 수없이 흔들리며 살아가는 인간과 너무나 약해서 작은 바람에도 쉼 없이 흔들리는 갈대를 연관 짓고 있다. 갈대는 자신이 흔들리고 있는 것이 자기의 조용한 울음이라는 걸 까맣게 몰랐다고 한다. 자신의 조용한 울음이 갈대를 계속 흔들고 있었던 것이다.

이 시는 존재의 실상을 철학적 깊이로 명상한 시로 볼 수 있다. 존재의 고통은 어디에서 오는 것인가? 외부에서 오는가? 아니면 내면에 도사리고 있는 것인가? 이 시는 이 물음에 대한 답으로, 후자를 말해주고 있다. 갈대로 표상되고 있는 존재의 실상은 이렇듯 허무와 비애와 고독을 근본적으로 동반한다는 것이다. 우리네 삶이란 것도 단독자로서의 본연적 비애일 뿐이다. 그것은 존재 자체이며, 인간에게서 고독과 비애는 바로 '실존'이라는 것이다(https://m.cafe.daum.net/newstart9/JSsm/1438?listURI=%2Fnewstart9%2FJSsm). 그러고 보니 시 배후에 이렇게 심오한 철학적 사유가 깔려 있다는 사실을 깨닫게 되었다. 니체, 하이데거, 샤르트르로 이어지는 존재의 물음에 대한 근원적 사유를 던졌던 실존주의가 갈대라는 형상을 통해서 울음이라는 실존적 계기와 만나고 있다. 실존의 고통과 난관을 슬기롭게 극복하라는 무언의 메시지도 엿볼 수 있다.

갈대

언제부턴가 갈대는 속으로
조용히 울고 있었다.
그런 어느 밤이었을 것이다.
그의 온몸이 흔들리고 있는 것을 알았다.

바람도 달빛도 아닌 것.
갈대는 저를 흔드는 것이 제 조용한 울음인 것을
까맣게 몰랐다.

산다는 것은 속으로 이렇게
조용히 울고 있는 것이란 것을
그는 몰랐다.

삶이 온갖 난관으로 가득 차 있다는 것을 모르는 바는 아니나 흔들림 속에서도 자신의 방향성을 찾아 굳건하게 나아가야 한다는 다짐을 하면서 오감로드를 힘차게 걸어 내려왔다. 난대림의 도열 속에서 내리막 테크길을 걷는 발걸음은 가볍기만 하다. 매번 편백 나무, 소나무, 삼나무 숲길을 많이 걸어 보았지만 이번 완도수목원에서는 다채로운 활엽수 길을 걸으면서 다소 이국적인 느낌을 받았고, 가을로 전환되는 시점에서 기분 전환의 계기를 맞은 것 같다.

▲ 완도수목원 계곡심터 데크길

16.

여수 낭도 둘레길

▼ 여수백리섬섬길(출처: https://www.xn--vg1bjkn41b4ga219dh6e.kr/8752)

여수 돌산에서부터 고흥군 영남면의 섬과 섬, 섬과 육지를 연도교와 연륙교로 연결하는 '백리섬섬길'이 2028년까지 전면 개통된다고 한다. 난 2020년 개통된 여수 화양면에서 고흥 영남면에 이르는 네 개의 다리를 이미 가본 적이 있다. 오늘은 이 중에서도 그 중간 지점에 있는 낭도의 둘레길을 탐방하기로 했다. 여수 쪽에서부터 보자면 조발도, 둔병도, 낭도, 적금도가 차례로 놓여 있다.

이 중 낭도가 가장 크며, 섬의 정취와 함께 숲이 잘 어우러져 있으므로 이 곳 둘레길을 걷기로 했다. 낭도대교를 지나자 터널이 나오고, 곧이어 낭도의 중심지인 낭도 포구와 아담한 해변길이 펼쳐졌다. 2020년 연도교 개통 후 한 차례 다녀간 적이 있으므로 차를 어디로 몰고 가야 하는지 알고 있었다. 낭도해변 주차장보다 산타바 해변 근처의 공용주차장이 전망도 좋고, 이국적인 풍광이 펼쳐져 있었으므로 이번에도 그곳을 기점으로 출발하기로 했다.

낭도는 원래 섬의 형세가 이리(늑대)를 닮았다고 해서 붙여진 이름이라고 한다. 한자를 찾아보니 이리 랑狼이라는 흥미로운 글자가 나온다. 하늘에서 찍은 사진을 보니 여우 혹은 이리 모양을 하고 있는 것도 같다. 예전에 공중에서 섬 전체를 조망하기 힘들었을 텐데 형세를 보고 섬 이름을 지었다니 신기할 따름이다.

산타바 해변 공용주차장에 차를 주차하고 둘레길로 들어가는 입구에 낭도의 조형물이 방문객을 맞이한다. 낭도의 명물인 등대와 이 섬의 상징물인 이리가 반갑게 인사를 하고 있다. 산, 숲, 해안가에 난데없이 조형물이 서 있어 낯설다는 느낌을 받았으나 이 섬에 대해서 이모저모를 살펴본 다음에는 등대와 이리가 왠지 친숙하게 느껴졌다. 조형물 뒤에 멀리 보이는 섬이 공룡의 흔적이 고스란히 남아 있는 사도이다. 사도는 아직까지는 배를 타고 들어가야 하므로 먼발치에서 공룡에 대한 상상만 하고 둘레길로 발길을 옮겼다.

▼ 여수낭도 상징 조형물

인생도 그렇지만 살아보고 난 뒤에 지나온 길의 의미를 알게 되는 것처럼 이번 둘레길도 다 돌아본 뒤에서야 '이 길은 이렇게 걷는 것이 좋겠구나.'를 제대로 알게 되었다. 대개는 낭도항 어귀에 차를 주차하고 출발하는 모양이다. 대부분 사람들과 달리 난 산타바오거리를 지난 주차장에서 시작하여 산타바 해변을 지나 남포등대, 천선대, 신선대, 방파제, 낭도해수욕장, 낭도항 부근까지 갔다가 원점 회귀하는 코스를 택했다. 이들 각각의 장소에 도달하려면 둘레길에서 해변 쪽으로 좀 더 가까이 걸어가야 한다. 산속 숲길을 걷다가 해안가로 나가 깜짝 선물을 하나씩 선사받는 식으로 둘레길을 걷는다면 즐거움이 배가될 것이다.

이번에는 2시간 남짓 소요되는 1코스만을 걸었지만 낭도 전체 지도를 보다가 산행과 해안가 도로를 완주하는 둘레길에도 도전해 보고 싶은 생각이 들었다. 낭도항이 있는 여산마을 어귀에서 출발하여 쉼판터 전망대와 상산(278.9m)을 찍고 반대쪽 규포항을 둘러본 다음 해안가를 따라 장사금 해수욕장까지 온다면 낭도를 오롯이 체험할 수 있겠다 싶다. 마음먹은 일은 언젠가 실현되므로 낭도 둘레길 완주도 언젠가는 현실이 될 것이다.

▼ 낭도 둘레길 1코스

낭도 둘레길은 흙길, 돌길, 데크길이 번갈아 등장하며, 한편에는 바닷가가 시원하게 펼쳐지고, 다른 한편에는 숲과 나무가 우거진 풍광을 선보여 지루할 틈을 주지 않는다. 하늘, 구름, 섬, 바다, 나무가 우리 눈을 즐겁게 하고, 바다 내음과 숲 향기는 후각을 기분 좋게 자극한다.

둘레길 멀리 감추어진 아름다운 해변이 자태를 뽐낸다. 이름하여 산타바 해변이다. 문득 신현림 시인의 바다에 관한 시 한편이 떠오른다.

바다를 보면 바다를 닮고

바다를 보면 바다를 닮고
나무를 보면 나무를 닮고
모두 자신이 바라보는 걸 닮아간다

멀어져서 아득하고 아름다운 너는
흰 셔츠처럼 펄럭이지
바람에 펄럭이는 것들을 보면
가슴이 아파서
내 눈 속의 새들이 아우성친다

너도 나를 그리워할까
분홍빛 부드러운 네 손이 다가와
돌려가는 추억의 영사기
이토록 함께 보낸 시간이 많았구나
사라진 시간 사라진 사람

바다를 보면 바다를 닮고

해를 보면 해를 닮고
너를 보면 쓸쓸한 바다를 닮는다

바다를 보면 바다를 닮고, 나무를 보면 나무를 닮는다는 시인의 표현이 마음속으로 쏙 들어온다. 마찬가지 논리로 하늘을 보면 하늘을 닮고, 해를 보면 해를 닮는다고 하니 난 자연의 위대한 모든 것들을 닮고 싶다. 아니 그러기 위해서 오늘도 난 아름다운 길을 찾아 묵묵히 걷는다. 마치 세속의 손길이 닿지 않는 자연 속에서 몸과 마음을 닦는 수도승처럼 오늘도 길을 걷는다.

▼ 해안가와 숲으로 이루어진 둘레길 전경

▲ 둘레길 빈 의자

오전 이른 시간이라 그런지 둘레길에 한 사람도 없다. 낯선 곳 외진 길에서 드는 감정은 두려움이다. 어떤 장면이 펼쳐질지 내딛는 발걸음마다 설레면서도, 큰 곰이 나올리는 없겠지만 왠지 숲 속에서 뭐라도 튀어나올 것 같은 두려움과 섬뜩함을 느끼게 된다. 두려운 순간에는 머리 위 해님이 얼마나 반가운지 모른다. 모든 곳을 밝게 비추어 주면서 내 앞 길을 안내해 주면서도 어둠을 물리쳐 주기 때문이다. 나무 사이로 희미하게 보이는 먼 바다도 위안을 준다. 외로운 길이지만 태양과 바다는 힘찬 발길의 원동력으로 작용한다.

가다가 쉬어가라고 중간 중간에 빈 의자를 놓아두었다. 잠시 앉아서 목을 축이고 바다와 숲의 소리를 듣는다. 햇살도 피하지 않고, 다가오는 대로 온몸을 맡겨 본다. 누군가와 함께 왔더라면 정담을 나누고, 좋은 기운을 서로 나누어 가질 수 있을 터인데 남은 자리를 보면서 아쉬움을 느낀다. 지금은 내가 빈 의자에 쉬어 가지만 언제라도 내가 지친 누군가에게 빈 의자가 되어 주고픈 생각이 든다. 이런 내 생각을 감지하기라도 한 듯이 시인 최원정은 빈 의자를 아름답게 노래한다.

빈 의자

조금 힘들면
쉬었다 갈 수 있는
빈 의자가 되고 싶습니다

아무 말 없이
당신의 휴식을 도와 줄
그런,
편안함이었으면 싶습니다

내 마음이
여유로운 공간으로 남아
그대
잠시라도 머물러
새로운 희망 품을 수 있는
넉넉함이고 싶습니다

당신을 위한
빈 의자

▲ 남포 등대

산타바 비밀 해변을 보며 영화의 장면을 상상하다가 삼거리에 도달하였다. 천선대 방향과 남포 등대 방향으로 가는 갈림길이다. 내려가는 길에 해안 초소를 만난다. 예전에는 해안가 부대가 있었다는 추측이 가능하며, 누군가는 이곳에서 불침번을 서면서 주야로 경계 근무를 섰겠구나, 생각을 해 보았다. 초소 안을 훔쳐보니 방치되어서인지 쓰레기 등이 어지럽게 널려 있었다. 내려오는 길 오른편의 표지를 보니 공룡발자국화석이 남아 있는 곳이라고 한다. 하지만 나는 바위로 내려가서도 화석의 흔적을 찾지 못하였다. 혹시 그 흔적이 물속에 들어가 있는 것은 아닌지 모르겠다. 남포 등대가 있는 곳으로 내려오니 편평한 바위로 된 장관이 펼쳐진다. 바위에 부딪히는 파도가 우렁차다. 멀리 남포 등대를 앞에 두고 바위 협곡이 길게 펼쳐져 있다. 협곡으로 등대가 있는 바위로 건너가기가 힘들 것 같은데 몇몇 강태공이 분주하게 움직이고 있었다. 커다란 바위 섬 위에 하얗게 솟아 있는 등대가 아담하면서 아름답게 서 있다. 등대 뒤 바다와 하늘, 구름은 이미 하나가 된 듯이 오롯이 등대의 배경 역할을 충실하게 하고 있었다. 평온한 가을날이지만 하늘에 난 구름 선으로 인해 역동적인 느낌을 자아냈다.

▲ 낭도에서 바라 본 사도의 모습

낭도와 사도는 지척거리에 있다. 하지만 아직은 연도교가 없어 배를 타고 들어가야만 한다. 공룡의 유적이 많은 섬인데다가 모세의 기적이 일어나는 섬이기도 해서 누구나 한번쯤 방문해 보고 싶어 하지만 현실은 녹록치 않다. 그래서인지 여수시에서도 사도와 낭도를 잇는 인도교를 오래 전에 설계해서 착공까지 했다고 한다. 하지만 문화재보호법에 가로 막혀 공사가 불허되면서 섬을 잇는 작업에는 진전이 없다. 알고 보니 낭도지역의 낭도리 인근이 공룡발자국 화석지 및 퇴적층으로 천연기념물 434호로 지정되어 있는 상태였다. 낭도 편에서도 개발이 불가능한 한계가 분명하게 보이지만, 사도의 편에서도 개발보다는 보존의 입장이 아직까지는 지지를 받고 있는 것 같다. 만일 두 섬 사이에 다리가 놓이면 공룡유적지에 사람의 출입이 잦아지고, 과도한 개발과 사람의 출입으로 인해 사도의 자연 보존가치가 많이 훼손될 것이라는 짐작은 쉽게 해 볼 수 있을 것이다. 사도를 직접 두 발로 밟아보지 못했지만 인터넷에서 이런 저런 관련 정보와 자료를 찾아보았다. 호기심과 궁금증이 더해지면 나중에 사선(私船)을 빌려서 타고라도 섬에 들어갈지도 모르겠다.

낭도에서 배를 타고 10분 정도 들어가면 공룡섬 사도에 당도한다. 사도항에는 공룡섬답게 거대한 공룡 티라노사우르스 두 마리가 공격성을 뽐내며 달려드는 포즈를 취하고 있다. 한려해상국립공원에는 너무 많은 섬들이 가깝게 붙어 있어서 어느 섬도 금방이라도 당도할 것 같은 인상을 준다. 섬에서는 중생대 백악기 시대 살았던 다양한 공룡들의 발자국을 여기저기서 볼 수 있다. 발견된 공룡은 앞발을 들고 뒷발로 걷는 조각류에서부터 육식공룡, 목이 긴 초식공룡 등 종류가 다양하다. 국내에서 가장 길다고 알려진 43개의 84m 공룡 보행렬이 있는 추도를 비롯해 사도 일원에서 발견된 공룡발자국 화석(천연기념물 제434호)은 총 3,546점으로 사도 755점, 추도 1,759점, 낭도 962점, 목도 50점, 적금도 20점이다(천지일보, https://www.newscj.com). 발자국 화석으로 미루어 짐작컨대 이곳이 중생대 어느 시점에는 핫플레이스가 아니었을까 상상해 본다. 곳곳에 마치 시루떡을 켜켜이 쌓아 놓은 듯 퇴적층 암반이 지구의 시간 흐름을 말해 주는 것 같다. 사도가 유명한 것은 무엇보다도 모세의 기적과도 같이 바닷길이 열리는 곳이기 때문이다. 사도는 해마다 영등과 백중사리 때면 인근 추도와의 사이에 바다가 갈라지는 모세의 현상이 나타난다. 이 때 사도, 추도, 중도, 증도, 장사도, 나끝, 연목 등 7개의 섬이 'ㄷ'자로 이어지는 장관을 연출한다. 바닷길을 따라 섬과 섬 사이를 걷는 짜릿한 재미를 또 어디서 찾을 수 있을 것인가.

▲ 사도전경

▲ 천선대

천선대는 이름그대로 천상의 선녀들이 이곳에 내려와 놀았다는 곳이다. 산과 바위, 바다가 어우러진 이곳은 해안가 조망이 탁월하고, 영겁의 시간 속에 형성된 바위들도 신비한 분위기를 자아낸다. 너른 바위 이곳저곳에 다양한 종류의 공룡발자국 화석들이 남아 있어 마치 중생대 어느 시점에 서 있는 듯한 착각이 들 정도이다. 그 당시 수많은 공룡이 이곳에 서식했을 것이라는 추측이 가능한 이유는 바로 어린 공룡의 보행렬 발자국이 많이 남아 있기 때문이다. 살기 좋은 환경에서 서식하며 공룡들은 새끼들을 낳고 종족을 이어왔을 터이다.

▲ 신선대

천선대를 지나 낭도해수욕장 방향으로 걷다 보면 다시 신선대 표지판을 만나게 된다. 이곳도 장관이 수려하여 신선이 살만한 곳이라 하여 신선대라는 이름을 붙였다고 한다. 신선대 주변에서는 주상절리의 풍광을 감상할 수 있다. 주상절리는 용암이 식으면서 기둥 모양으로 굳은 것이다. 현무암질 용암류가 급격히 냉각되면 큰 부피 변화와 함께 수축하게 되는 데 이때 다양한 형태의 다각형 기둥모양의 바위가 생겨나게 된다. 낭도 해안가 주상절리는 무등산의 주상절리와 달리 사각형의 모양새를 띄고 있는 특징이 있다. 주상절리 외에도 쌍용굴, 신선샘이 있어 구경하는 재미를 더해 준다. 낭도 해변의 건너편에는 나로도 우주선 발사체가 있어 우주선 발사 시 멋진 뷰 포인트가 되기도 한다.

산타바 주차장에서 출발하여 낭도항까지 오는 길에 낭도 방파제를 만났다. 방파제로 인해 낭도항과 해수욕장의 파도는 부드럽고, 잔잔해 보였다. 널리 알려진 해수욕장에 비해 낭도해수욕장은 귀여우리만치 작고 아담하다. 해변의 모래사장도 넓은 편이 아니다. 해수욕을 위한 샤워 시설이나 기반 시설이 잘 갖추어져 있는 것도 아니다. 무더운 여름을 뒤로 하고 파도와 모래사장도 잠시 쉬어 가는 듯 주변의 모습은 차분하다. 언덕에 다소 큰 카페가 들어서 있고, 오토캠핑장이 있어서인지 차들이 수시로 들락거린다. 이른 아침 나선 발걸음을 뒤로 하고 카페에 들어가 해변이 보이는 창가에 앉아 커피 한잔을 마신다. 적당하게 걷고, 아름다운 풍경을 온몸으로 가득 담고, 산길과 해안가를 돌아 잠시 여정의 쉼표를 찍는 순간 한 잔의 커피는 얼마나 큰 기쁨이고 위안인지 모른다. 적절한 장소를 기대하지도 않았는데 이런 장소를 만난 것만으로도 오늘은 왠지 운수 좋은 날이다.

▼ 낭도해수욕장

낭도항 가는 길목에서 가건물 형태의 카페 겸 쉼터를 발견하였다. 주변의 정원도 잘 가꾸어져 있고, 아름다운 색으로 칠해진 건물도 예사롭지 않아 가는 길에 잠시 쉬어갈까 하다가 안을 둘러보니 주인도 손님도 없어서 지나쳐 왔다. 하지만 웬걸 낭도해수욕장에서 커피를 마시고 돌아오는 길에 보니 정원에 마련된 자리가 꽉 들어찰 정도로 사람들이 옹기종기 앉아서 차와 커피를 마시거나 막걸리에 파전을 먹는 사람들이 보였다. 야생의 바다 산기슭을 조경하고, 정원을 가꾸어 나름의 낙원을 일구어 낸 주인이 대단하다는 생각을 하였다. 야외 카페에 앉아 바라보는 바다 풍경과 파도 소리는 덤이고, 숲이 주는 안온함을 오롯이 느낄 수 있을 것 같아 다음엔 누군가와 함께 꼭 들러 볼 것을 다짐해 본다.

▼ 둘레길 카페

산타바오거리 근처 휴게소에 잠시 들러 허기진 배를 채웠다. 앉았던 의자 옆에서 목화나무 한 그루를 보고 반가웠다. 어릴 적 어린 열매를 따 먹었던 기억이 새록새록 하다. 목화솜을 보니 솜을 타서 이불을 만들던 어머니의 모습도 주마등처럼 스쳐지나갔다. 식물성 이불을 덮던 시절에 목화는 시골에서는 친숙한 작물이었지만 기능성 이불솜이나 양, 오리, 거위 털 소재의 솜이 등장하면서 목화 재배도 시들해 진 것 같다. 세탁과 보관에 불편한 점도 있지만 자연스러운 통기성으로 여름을 시원하게 겨울을 따뜻하게 보낼 수 있었다. 습기 조절 능력이 있어 건조한 환경이나 땀을 흘리는 상황에서도 쾌적하게 잠을 청할 수 있었다. 목화솜을 보다가 길 건너로 눈을 돌려 보니 고즈넉한 해변이 펼쳐져 있다. 알고 보니 고운 모래가 유명한 장사금 해수욕장이었다. 얼마나 모래가 고운지 바람이 불면 모래가 날리는 모습을 쉽게 볼 수 있다고 한다. 지척거리에 있건만 오늘은 충분히 걸었으므로 장사금 해변과 낭도 둘레길 완주는 다음 기회로 미루고 낭도를 서둘러 빠져나왔다.

▼ 목화나무와 장사금 해변

17.

담양 관방제숲길

▼ 관방제림 표지석

호젓한 자연 속으로 깊숙하게 들어가는 대신 오늘은 도시와 인접해 있으면서도 자연의 풍취가 물씬 풍기는 그런 곳을 찾아가 보기로 했다. 대나무의 고장 담양이 오늘의 목적지이다. 읍내에 들어서서 관방제림 주차장을 찾았으나 죽녹원 앞 전남도립대학교의 주차장까지 가고 말았다. 차를 주차하고 죽녹원 앞을 지나 다리를 건너니 온갖 노거목이 천변에 줄지어 서 있다. 오래 전에 담양에 들러 죽녹원과 인근 국수나무 골목을 재밌게 산책했던 기억이 있지만 코앞에 두고도 관방제숲길을 걷지도 않고 돌아간 적이 있었다. 더운 여름에 와서 죽녹원 대나무 길을 걸으며 마음과 몸이 정화된 느낌을 받았으나 오늘은 따로 죽녹원에 들어가지는 않았다.

관방제림은 조선 시대 선조들이 홍수 피해를 막고자 인공으로 조성한 숲이다. 자연재해를 막기 위해 천변에 나무를 심어 홍수 피해를 최소화하려고 했다하니 선조들의 지혜에 머리를 조아리게 된다. 그 역사적, 문화적 가치를 인정받아 천연기념물로 지정될 정도이니 노거수들이 귀한 존재임을 새삼 깨닫게 된다. 전체 길이는 담양읍 남산리에서 천변리까지 이어지는 약 2km에 달하는 거리로 가볍게 산책하기에 안성맞춤인 숲길이다. 여름엔 더위를 막아 주고, 단풍이 물든 가을에는 운치가 더할 것이다. 10월의 초순임에도 무더운 날씨가 지속되다보니 아직 단풍이 들지는 않았다.

관방제림의 조성은 1648년 인조 때로 거슬러 올라간다. 담양 부사 성이성이 담양천 홍수를 막고자 나무를 심어 숲을 조성하기 시작한 것이다. 철종 때 담양부사 황종림이 제방과 숲을 정비하면서 오늘날에 이르고 있다. 원래 나무는 700그루를 심었다고 하나 남아 있는 나무는 낙엽활엽수 320여 그루이다.

이곳에 심어진 나무 종류로는 푸조나무(111그루)가 대부분이며, 팽나무(18그루), 벚나무(9그루), 음나무(1그루), 개서어나무(1그루), 곰의말채, 갈참나무 등이다. 큰 나무는 300년을 넘는 것도 많고, 작은 나무도 100년을 훌쩍 넘은 나무들이 많아 생태적으로 보존할 가치가 클 것으로 보인다.

관방제는 담양천변의 제방을 말하며 홍수로 인한 범람을 막기 위해 축조한 토목 건축물을 총칭하는 말이다. 천연기념물 366호라는 표시가 선명하다. 추월산과 용추봉에서 발원하는 담양천은 조선 시대 상습적으로 홍수 피해를 본 지역으로 알려져 있다. 흙과 돌로 만들어진 제방마저도 유실되고 주민과 농경지 피해가 반복되면서 선조들은 나무를 심어 치수治水를 해왔던 것이다. 입구에 들어서자마자 서늘한 기운이 느껴졌다.

영조 때 담양부사가 편찬한 『추성지秋成誌』를 통해 우리는 용천산 물이 넘쳐 홍수가 났다는 것과 당시 부사 성이성이 제방을 축조하여 수해를 막아 왔음을 알 수 있다. 문득 담양의 문인 월정 강대실이 지은 시 한편이 노거수의 숨은 내력을 담담하게 전해준다.

관방제림

푸조나무 팽나무 음나무
고향 집 지키는 허리 굽은 노모처럼
시름겹게 눌러살고 계셨네

죽장에 깨금발로 들머리 내다보며
백 년 이백 년 삼백 년
긴긴 기다림으로 버텨 사셨네

해가 설핏한데도
한눈에 얼른 날 알아보고는
연신 오색 꽃잎 날리시며

이제 가면 다시 또
천년만년 학수고대하겠노라며
눈시울 붉히셨네.

▼ 관방제림의 내력

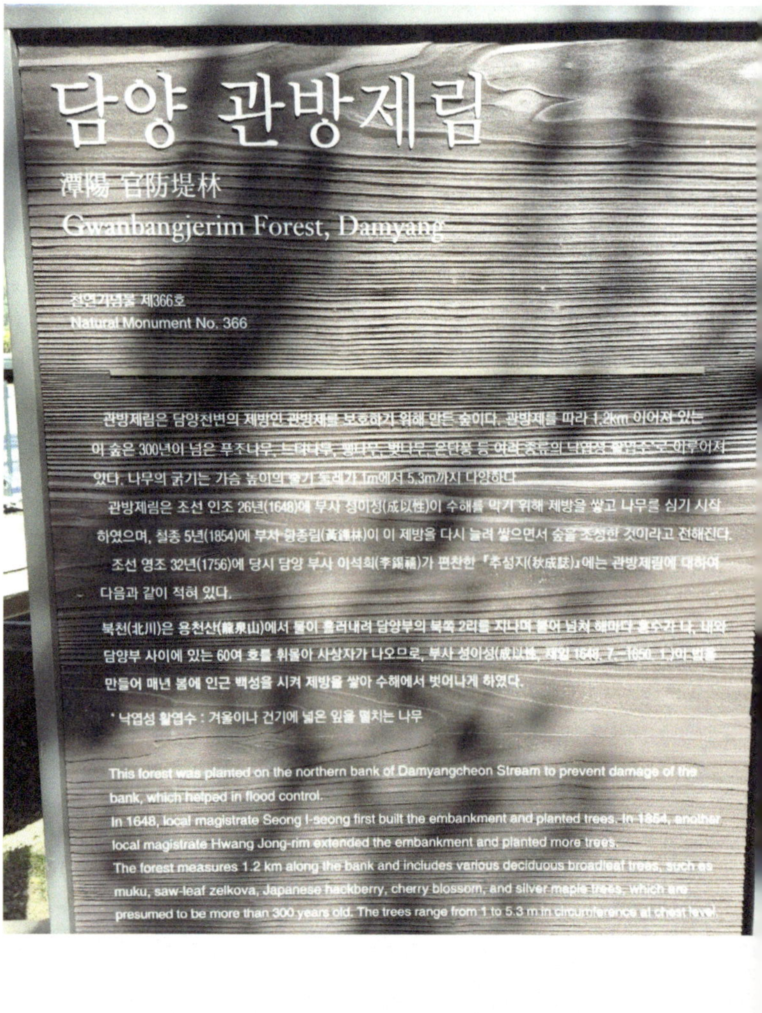

▲ 관방제숲길

관방제숲길은 차 한 대가 지나갈 정도의 흙길이 조성되어 있고, 길가에 아름드리 푸조나무, 팽나무, 벚나무, 은단풍 등이 줄지어 서 있다. 왼편에는 담양천이 유유히 흐르고 있으며, 숲길과 하천 사이에도 넓은 자전거길이 시원하게 나 있다. 길을 걷다보니 너른 주차장이 펼쳐져 있고, 궁사들이 활을 쏘는 활터, 아기자기한 조각공원, 담빛예술창고 등이 차례로 나온다. 숲길 옆의 나무와 숲, 주택 등도 자연그대로의 모습을 잘 간직하고 있다. 숲길을 죽 걷다보면 담양이 자랑하는 메타세쿼이아 길에 닿을 수 있다. 예전에 차가 다니던 도로에 멋진 메타세쿼이아 나무가 줄지어 장관을 이루고 있어 지나다가 잠시 내렸던 기억이 난다. 하지만 이제는 이곳 일대를 전부 사들여 공원과 호수를 포함한 랜드를 만들고 입장료 수입까지 올린다고 하니 그간의 변화가 다소 씁쓸하게 느껴진다.

숲길을 걸으면서 눈에 띈 것은 나무마다 번호가 매겨져 있다는 것이다. 바로 아래 나무명과 학명을 새겨 놓아 천연기념물답게 담양군이 세심한 관리를 한다는 인상을 받았다. 나무 이름도 특이하다. 푸조나무라니 프랑스에서 건너온 차 이름이 푸조인데, 혹시 그것과 연관이 있는 것은 아닌지 궁금증이 발동했다. 자료를 찾아보니 팽나무와 비슷하지만 팽나무를 중국식 한자로 '포슈'로 발음한데서 유래한다는 사실을 알게 되었다. 팽나무가 곤충의 먹이가 되어주는 바람에 온 잎이 성할 날이 없는 것과는 달리 푸조나무는 곤충의 습격에도 끄떡하지 않고 제 모습을 간직한다. 바닷가 마을에서는 바람을 막기 위해 방조림 혹은 방풍림으로 심고, 뭍에서도 수해를 막고자 제방 위에 푸조나무를 많이 심었다고 한다. 담양의 관방제림이 이런 이유로 만들어졌다는 사실을 알고 다시금 선조들의 지혜에 감탄을 하게 된다. 더군다나 푸조의 잎사귀에서 품어내는 산소량도 다른 수종에 비해서 월등하다고 하니 '아낌없이 주는 나무'가 따로 없다 하겠다.

▼ 나무 번호와 푸조나무

숲길은 입구에서 끝나는 시점까지 거의 동일한 모양새로 이어진다. 백년이 훨씬 넘은 거목과 사이사이 새롭게 심어진 거목들이 조화를 이루며 서 있다. 마치 길을 걷는 사람을 맞이하는 것처럼 가지가 두 팔을 벌리고 있는 모습이다. 부드러운 흙길이어서인지 많은 사람들이 신발을 손에 들고 맨발로 걷고 있었다. 숲의 청량한 공기와 대지의 힘찬 기운을 듬뿍 받으며 일상의 피로를 잠시나마 내려놓는다.

하천과 숲길 사이에 넓은 공간이 있어 자세히 보니 경기장이었다. 추성경기장은 유모차 산책과 달리기 등 가벼운 신체 활동에 적합한 아담한 크기의 운동장이다. 읍내에 이런 공간이 있어 아이, 어른 할 것 없이 일상 속에서 걷고, 뛰고, 다양한 운동을 할 수 있으니 얼마나 다행인지 모른다. 운동을 하다가 쉬거나 기분 전환을 하려면 물가로 다가가 물소리를 듣거나 숲길로 올라와 잠시 걷는 것도 좋을 듯하다.

▼ 숲길과 추성경기장

▲ 정자 쉼터

중간에서 만난 정자가 정겹다. 길을 걷는 나그네를 위한 정자인 줄 알았더니 자세히 보니 마을 어르신을 위한 쉼터로 만들어진 공간이다. 시원한 나무 그늘 아래 쉼터가 있으니 무더운 여름날이나 농사일에 지쳐 쉼이 필요한 때에 들러 휴식을 취하고, 마을 사람들과 정담을 나눌 수 있을 것으로 보인다.

이곳 관방림숲길 중에서 만일 내가 화가가 되어 한 장면을 그린다면 목가적인 풍경을 담고 있는 이 사진을 택하지 않을까 싶다. 둑길을 사이에 두고 담양천이 유유히 흐르고 있다. 먼발치에는 유실수인지 아니면 방제림인지 모를 나무들이 듬성듬성 무심하게 자라고 있다. 저 멀리 뭉게구름 넘실대고 새파란 하늘은 구름 뒤에 잔잔한 배경으로 남아 있다.

▼ 담양천 자연 풍경

이정표를 보니 내가 입구에서 한참 걸어왔음을 알 수 있었다. 권역에 위치하는 추성경기장 외에 다시 돌아간다면 1km 이상을 걸어야 국수의 거리, 죽녹원, 종합체육관을 만날 수 있다. 오늘은 담양의 명물인 국수로 점심을 하려했으므로 원점 회귀하여 맛있는 국수를 먹었다. 대나무 고장답게 국수에도 죽순이 들어간 독특한 가게가 있어 담양 천을 바라보는 자리에 앉아 식사를 즐겼다. 점심시간 무렵에 간 터라 '국수거리'는 사람들로 북적거렸다. 잠시지만 호젓했던 읍내는 성시盛時를 맞고 있었다. 시골에 위치한 지역이라도 이렇게 볼거리, 먹거리가 있어야 사람이 모인다는 평범한 진리를 이곳 담양에 와서 확인할 수 있었다. 점심시간에 사람들 북적대는 국수거리를 본다면 '지역 소멸'이라는 용어는 아마 낯선 용어가 될 것이다.

▼ 숲길 주변 이정표

돌아오는 길에 천변으로 내려와 담양천 물길을 따라 데크길을 걸었다. 몇 분지나 눈앞에 멋진 조형물이 둑길 사이에 있는 것을 보았다. 이것은 담양천 사이에 놓인 보행자를 위한 죽향교였다. 데크길에서 어느 곳을 찍든 멋진 작품이 나온다. 인공 다리이지만 보는 순간 모네의 지베르니 정원에 있는 작은 다리가 떠올랐다. 물론 그 다리 밑에는 수련이 심어져 흐드러지게 피어 있겠지만 이곳 분위기도 그 곳 못지않다. 연혁에 쓰인 것으로 보아 1997년에 만든 다리이니 세월이 한참 흘렀음을 알 수 있다. 이번에는 일부러 다리 위를 건너 반대쪽으로 건너가지는 않았다. 햇살의 방향을 보니, 오늘은 반대편에 서 있는 나무들의 물에 비친 모습이 더 아름답게 느껴졌기에 그 풍경을 따라 계속 걷고 싶어졌기 때문이다.

▼ 죽향교

▼ 관방제림 풍경

10월에도 나무들은 푸르름을 간직하고 있다. 나뭇잎이 푸르면 푸른 대로, 오색 단풍이 들면 형형색색의 빛과 색깔로 천변이 축제의 장으로 변할 것 같다. 유유히 흐르는 물가로 우뚝 솟은 나무들과 천변의 산책길, 그리고 담양의 아름다운 산과 구름이 파노라마처럼 펼쳐져 있다. 이곳을 지나면서 난 사실 연신 셔터를 눌러댔다. 눈으로 보고 있는 이 멋진 풍경을 담아낼 수 있는 한 장의 사진을 찾기 위해서 말이다. 물에 비친 나무의 잔영들도 물에 잠겨 멋진 모습을 뽐낸다. 걷다 말고 이 근처에 한참을 머물면서 출발해서 걸어왔던 방향으로 영상을 담았다. 누군가 이 사진을 보고 담양의 관방제림을 갈 결심을 하지 않을까 감히 생각해 본다.

관방제림 숲에서 국수거리로 발걸음을 옮기다 관방제림 제1번목 음나무를 발견하였다. 천연기념물답게 모든 나무마다 번호가 매겨져 있는 것이 신기했는데, 우연히 으뜸 나무를 보게 된 것이다. 음나무는 엄나무, 개두릅나무로 불린다. 어디서나 잘 자라고 오래 살며, 그 가시가 귀신을 쫓는다는 속설이 있어 마을 어귀에 노거수로 보호를 받는 경우가 많다. 하지만 표지에 쓰인 설명을 보니 다소 서글픈 내용이 적혀 있다. 상징적 의미를 갖는 제1번목 음나무가 원래 나무높이 14m, 가슴높이둘레 3.9m, 수관폭 14m를 자랑하는 풍치목이었으나 2013년 7월 3일 폭우와 강풍을 이겨내지 못하고 쓰러졌다는 슬픈 이야기이다. 그래서 이 나무를 대신해서 2013년 11월에 심은 나무가 현재 우리가 보고 있는 음나무라는 것이다. 국수를 먹으러 온 많은 사람들을 지나쳐 오느라 자세한 내용도 모르고 올 뻔 했는데 이런 기막힌 사연이 있다니 아련한 마음이 든다. 부디 이 음나무가 오랫동안 건승하기를 기원해 본다. 선두에 있는 제1번 나무가 잘 살아야 나머지 나무들도 좋은 기운을 받아 건승할 것이 아닌가.

▲ 관방제림 제1번목 음나무

18.

곡성 태안사 숲길

▼ 동리산문 입구

순천에서 태안사 가는 길은 1시간이 채 걸리지 않는다. 괴목을 돌아 들판을 지나 고개를 넘으면 곡성 가는 길목에 태안사 입구가 나온다. 예전에도 몇 번 들른 적이 있지만 일요일 오전에 태안사 주변이 이렇게 고요할 줄 몰랐다. 절 이름 그대로 '크디 큰 평화와 안식이 깃들어 있는 절'이다. 차를 절 밖 주차장에 두고 절 입구부터 걷기로 했다.

자세히 살펴보니 태안사가 신라 경덕왕 때(7244) 혜철 스님이 창건한 것으로 나온다. 원래는 이름이 '태안사泰安寺'가 아니라 '대안사大安寺'였다고 하니 이곳이 평안함이 깃든 사찰임에는 틀림없다. 불교의 역사에서 태안사는 구산선문(신라 말기부터 고려 초기까지 선종에서 두각을 나타낸 9개의 사찰) 중 하나인 동리산파의 본산지로 구례 화엄사, 순천 송광사도 여기에서 가지를 뻗어 나갔을 만큼 영향력이 컸던 것으로 보인다.

태안사 숲길은 조태일 시문학관 주차장부터 태안사 대웅전까지 가는 길로 태안사 계곡을 따라 임도, 흙길, 데크길로 조성되어 있어 가는 내내 숲과 나무, 계곡과 물소리, 새소리 등을 즐기며 걸을 수 있다. 이곳은 봄에는 신록, 여름에는 울창한 녹음과 계곡 물소리, 가을엔 짙게 물든 오색 단풍, 겨울에는 눈 덮인 숲과 나무로 사계절 모두 우리에게 쉼과 여유를 선사하는 곳이다.

▼ 태안사 숲길 안내도

태안사 숲길 초입

동리산문을 지나 안으로 들어서니 시원함과 청량함이 온 몸을 휘감는다. 속세와 선문의 차이가 이런 것이 아닌가 싶다. 단 몇 분 달려왔을 뿐인데 다른 세상에 들어온 느낌이 든다. 이런 맛에 매번 새로운 숲길을 찾아 나서는지도 모른다. 몇 해 전 자갈과 흙으로 되어 있던 길은 임도로 바뀌었다. 계곡은 여전하나 나무는 더 자라 울창한 숲을 이루고 있고 주변이 잘 정돈되어 정신이 맑다. 간혹 차가 지나다녀 길을 비켜주어야 하는 불편함이 있지만 너무 인적이 드물어도 스산하게 느껴질 터이니 불자에게는 오직 너그러운 자비심이 있을 뿐이다.

산사의 자연도 기쁨을 주지만 오래전 이곳에서 타계한 자비 화신, 보시바라밀의 귀감이셨던 청화 스님이 뇌리를 스친다. 고뇌와 방황으로 헤매던 젊은 시절, 스님이 지으신 <마음의 고향>, <진리의 길>, <가장 행복한 공부> 등은 지혜의 말씀으로 어리석은 중생에게 큰 위안을 주었다. 묵언과 일종식, 정좌불와의 삶을 사셨던 스님을 생각하면 니체의 초인이 절로 생각나리만큼 위대함을 느끼게 된다. 1985년부터 폐찰이 되어가던 태안사를 중창하여 현재에 이르게 한 장본인이라고 하니 걷는 내내 고마운 마음에 숙연해진다.

◀ 청화 스님
(출처: https://www.ibulgyo.com/news/articleView.html?idxno=209286)

숲길을 따라 걷다보니 계곡 왼편 동산에 태안사 유아숲이 잘 조성되어 있다. 유아 생태교육이 우리나라에도 널리 퍼지고 있는데다가 대개 독일의 유아교육 아이디어를 차용하고 있는 터라 내겐 적이 반가웠다. 어려서부터 자연에서 뛰놀고, 자연과 친숙하게 지내는 데서부터 올바른 인성 형성이 가능하다고 믿는 탓이다. 태안사에서 미래 세대의 성장과 교육에도 세심한 배려를 하고 있다는 생각을 하니 새삼 고마운 마음이 들었다. 산비탈에 숲 체험원을 앙증맞게 꾸며 놓았다. 목조로 만든 경사미끄럼틀, 통나무균형놀이, 통나무징검다리, 오르기놀이대, 장애물넘기, 동굴징검다리 등 다양한 놀이기구와 곳곳에 테크 쉼터가 마련되어 있어 말 그대로 '어린이의 천국'을 이곳에 가져다 놓은 느낌을 준다.

순간 독일 프라이부르크 근교 어느 발도르프 학교 놀이터를 방문했던 기억이 났다. 자연의 재료에서 유아와 아동의 놀이기구를 만들거나 나무, 흙, 돌과 같은 자연 자체로 놀이를 삼는 발도르프 교육 방식이 바로 눈앞에 펼쳐지고 있다는 느낌을 받았던 것이다. 디지털 환경에서 태어나 디지털 기기로 삶을 살아갈 유아들에게 이런 자연 체험은 얼마나 소중하고 값질 것인가.

▼ 태안사 유아숲 체험원

▲ 오르기놀이대

유아숲 언덕에서 나는 어린이가 되어 통나무 균형대에서 균형을 잡아보기도 하고, 오르기놀이대 그물로 몇 걸음 올라가 보며 상상의 나래를 펼쳐 보았다. 그물망을 잡고 오르면서 유아는 체력도 기르고, 뿌듯한 성취감을 맛볼 것이다.

▲ 임도와 계곡 사이 침엽수림

징검다리를 건너 반대편 임도로 들어서니 길가에 반듯하게 서 있는 침엽수들이 줄지어 환영歡迎하는 듯 보인다. 이제 오른편으로 계곡을 끼고 올라간다. 바닥 시멘트길이 걸리지만 울창한 숲과 계곡은 보는 것만으로도 정겹다.

18. 곡성 태안사 숲길

이상 기후로 10월도 낮엔 매우 덥지만 그래도 가을은 우리 곁에 왔는지 다리 위 쌓인 낙엽을 보니 계절의 변화를 실감하게 된다. 계곡 주변 활엽수림은 녹음이 여전하고, 오색 단풍은 아직 저만치 있는 것 같다. 이러다가 날씨가 갑자기 추워지면 단풍이 물들기도 전에 푸른 잎을 간직한 채 땅에 떨어지지는 않을지 괜한 염려가 든다. 이런 생각도 기우가 아닌 게 최근에 가을이 짧아지면서 녹음을 유지하던 나무들이 갑자기 추위가 닥치자 단풍 들 새도 없이 처참하게 새파란 잎을 떨어뜨렸던 기억이 또렷하다.

▼ 데크교 위 낙엽과 주변 녹음

▲ 이끼가 낀 바윗돌

◀ 시원한 계곡물

데크교를 지나 대나무와 이끼가 낀 바윗돌이 나를 반겨주었다. 길 위엔 낙엽이 푹신하다. 계곡 주변 나무들은 무정형이라 오히려 더 원시림 같은 인상을 준다. 계곡 징검다리를 걷다가 맑고 푸른 물소리에 발걸음을 멈췄다.

반야교 지나 해탈교까지 가는 길은 계곡 위로 데크길을 조성해 놓아서인지 걷기가 편했다. 숲길에 난 고속도로 느낌이라고나 할까. 데크길은 인공으로 조성된 길이지만 목조라는 느낌도 강하고, 발에 주는 충격도 덜해서 더 가볍게, 더 빨리 걸을 수 있는 장점이 있다. 경사가 진 곳은 계단으로 만들어 놓은 덕분에 미끄러질 염려도 없다. 데크길 중간에 넓은 쉼터가 있어서 잠시 쉬면서 계곡과 먼 산을 보기에도 안성맞춤이다.

▲ 데크로 된 오솔길

반야교 중간 쉼터를 막 지나자 급경사의 데크길이 나타났다. 난코스에 데크길 조성하느라 누군가 고생을 많이 했겠다는 생각이 들었다. 계단으로 오르기도 힘든데 이곳을 그냥 올라야 했다면 얼마나 힘들었을까. 만드신 분들의 노고를 생각하며 즐겁게 앞으로 나아갈 수 있었다. '천국으로 가는 계단'을 지나면 분명 새로운 세상이 열릴 것이라는 희망을 안고 이 길을 힘차게 올랐다. 실제로 이 길의 다음에 해탈교가 나오자 입가에 잔잔한 미소가 흘러나왔다.

◀ 천국으로 가는 계단

해탈교 ▶

해탈은 불교에서 속박과 고뇌에서 해방됨을 의미한다. 산 넘고, 물 건너 해탈교에 다다르니 울창한 숲과 시원한 계곡 물소리에 모든 근심과 걱정이 달아난다. 산사를 찾아 숲길을 걷는 일도 어쩌면 해탈의 한 방편이 될지도 모를 일이다. 해탈은 마음속 얽힌 응어리를 푸는 과정이다. 자신을 구속하고 얽어매는 모든 매듭과 실타래를 푸는 일은 해탈의 과정에서 거쳐야 할 일이다. 하지만 속박에서 벗어나려고 하면 할수록 역으로 더 구속이 되는 경우가 많다. 문제의 원인을 타인이나 외부로 돌릴 때 해결이 더 요원해지기도 한다. 하물며 열반의 경지는 우리와 같은 범인에게는 감히 상상하기조차 힘든 영역이 아닐까.

▲ 능파각

능파각은 태안사가 자리하고 있는 동리산桐裏山 계곡을 건너 태안사로 들어가는 다리이자 쉬어가는 누각이다. 능파각은 태안사의 금강문으로 계곡 양편의 암반 위에 석축을 쌓고 그 위에 커다란 통나무 두개를 걸친 다음, 그 위에 세운 정면 1칸, 측면 3칸의 맞배지붕 겹처마 누각 건물이다. 누각 아래 멋지게 이끼가 낀 드넓은 바위 위로 흘러내리는 물줄기와 작은 폭포들이 한 폭의 그림 같다. 능파凌波는 계곡의 물과 주변의 경관이 아름다워 가볍고 우아한 걸음걸이의 미인과도 같다고 하여 붙여진 이름이다. 이곳은 다리를 건너며 세속의 번뇌를 던져버리고 부처님의 세계로 진입함을 상징하는 신성한 공간이기도 하다.

능파각을 지나니 태안사로 들어가던 옛 길이 나왔다. 포장된 길 위로 이끼가 나 있고, 바로 옆에는 고사리과 식물들이 옹기종기 자라고 있다. 대나무와 남도 지방의 활엽수가 길 양쪽으로 울창한 숲을 이루고 있어 걸으면서 사색하기에는 더없이 좋다. 이 길을 가다 오른쪽으로 올라가면 봉두산(753m) 정상으로 향하는 길이 나오고, 왼편으로 가면 태안사 금강문과 대웅전이 나온다.

▲ 태안사 옛 진입로

태안사 연못은 분명 인위적으로 조성되었다는 인상이 강하다. 연꽃이 피면 아름답겠다는 생각을 하면서 중간에 자리 잡은 삼층석탑으로 눈을 돌린다. 원래 광자대사 부도 앞에 있던 것을 이곳으로 옮겨 놓았다고 한다. 기단 아래로 3단의 받침이 놓여 있어 전체적으로 높다란 풍채를 보인다. 기단과 지붕돌의 조각양식으로 보아 고려시대 전기에 세운 것으로 추측된다. 연못을 돌면서 탑돌이를 하는 것도 좋을 것이다. 방문객 하나 없어 연못과 주변 풍광을 혼자 맘껏 즐기다가 산사를 빠져 나왔다.

▲ 태안사 연못과 삼층석탑

산사를 내려오다가 중간에 조태일 문학관 표지판을 보고 계곡의 징검다리를 건너 곧장 걸어왔다. 계곡의 바위들과 아직 푸름을 간직한 나무들 그리고 시원한 계곡 물소리를 들으며 빠른 걸음으로 내려왔다. 오를 때와는 다른 길로 내려오려는 나의 습관이 이번에도 여지없이 적용되었다. 난 매번 가지 않은 길에 대한 동경과 호기심으로 가득하다. 오래 전 프로스트 시를 떠올려 본다.

가지 않은 길

노란 숲 속에 길이 두 갈래로 났었습니다.
나는 두 길을 다 가지 못하는 것을 안타깝게 생각하면서,
오랫동안 서서 한 길이 굽어 꺾여 내려간 데까지,
바라다볼 수 있는 데까지 멀리 바라다보았습니다.

그리고, 똑같이 아름다운 다른 길을 택했습니다.
그 길에는 풀이 더 있고 사람이 걸은 자취가 적어,
아마 더 걸어야 될 길이라고 나는 생각했었던 게지요.
그 길을 걸으므로, 그 길도 거의 같아질 것이지만.

▲ 조태일 문학관으로 가는 징검다리

그 날 아침 두 길에는
낙엽을 밟은 자취는 없었습니다.
아, 나는 다음 날을 위하여 한 길은 남겨 두었습니다.
길은 길에 연하여 끝없으므로
내가 다시 돌아올 것을 의심하면서.

훗날에 훗날에 나는 어디선가
한숨을 쉬며 이야기할 것입니다.
숲 속에 두 갈래 길이 있었다고,
나는 사람이 적게 간 길을 택하였다고,
그리고 그것 때문에 모든 것이 달라졌다고.

커다란 바위 산 옆의 데크길은 높은 곳에 위치하고 있어 약간의 스릴감을 느낄 수 있었다. 사람의 발길이 닿기 어려운 곳에 길을 만들어 놓으니 자연의 풍광이 더 빛난다. 낙엽을 밟으며 숲길이 시작되는 근처에 있는 조태일 문학관에 당도했다.

▲ 조태일 문학관으로 내려가는 데크길

▲ 조태일 시문학기념관 가는 길

시인 조태일(1941~1999)은 곡성 태안사에서 대처승의 아들로 태어났다. 경희대학교를 다니던 1964년 경향신문 신춘문예에 '아침선박'이 당선되면서 문단에 등단하였다. 그는 민중시인, 저항시인의 표본으로 유신 독재의 억압과 탄압을 향해 격렬하면서도 순결한 시어詩語로 시대와 대결하였다. 군부 독재가 기승을 부리던 시절 김지하, 백낙청 등과 함께 시詩를 무기로 불의한 권력에 단호하게 맞섰다.

1969년 시 전문지 '시인'을 창간하였고, 1989년부터 광주대학교 문예창작과 교수로 재직하면서 시를 남겼다. 아버지의 유언대로 조태일은 고향을 떠난 지 30년이 지난 1980년 무렵에 비로소 태안사로 다시 돌아왔다. 폐허가 된 태안사를 다시 일으켜 세운 고승 청화 스님과도 막역한 사이였다고 한다.

▲ 조태일 시문학 기념관

1999년 조태일이 타계한 후 곡성군에서는 시인 조태일의 문학세계를 기리기 위해 2003년 조태일시문학기념관을 건립하였다. 이곳에는 시인 조태일의 문학작품과 유품 등 2,000여 점이 정겹게 전시되어 있다. 시집전시관에는 우리나라 최초의 근대시집인 최남선의 '백팔번뇌', 최초의 번역시집 '오뇌의 무도' 등 희귀본을 만날 수 있다.

조태일은 8권의 시집을 출간하였다. 1965년 제1시집 『아침 선박』 [선명문화사], 1970년 제2시집 『식칼론』 [시인사], 1975년 제3시집 『국토』 [창작과비평사], 1983년 제4시집 『가거도』 [창작과비평사], 1987년 제5시집 『자유가 시인더러』 [창작사], 1991년 제6시집 『산 속에서 꽃 속에서』 [창작과비평사], 1995년 제7시집 『풀꽃은 꺾이지 않는다』 [창작과비평사], 1999년 제8시집 『혼자 타오르고 있었네』 [창작과비평사]가 있다. 수많은 시 가운데 조태일의 시세계를 단적으로 드러내 주는 시는 바로 '국토서시'라고 할 수 있다.

국토서시國土序詩

발바닥이 다 닳아 새 살이 돋도록 우리는
우리의 땅을 밟을 수밖에 없는 일이다.

숨결이 다 타올라 새 숨결이 열리도록 우리는
우리의 하늘 밑을 서성일 수밖에 없는 일이다.

야윈 팔다리일망정 한껏 휘저어
슬픔도 기쁨도 한껏 가슴으로 맞대며 우리는
우리의 가락 속을 거닐 수밖에 없는 일이다.

버려진 땅에 돋아난 풀잎 하나에서부터
조용히 발버둥치는 돌멩이 하나에까지
이름도 없이 빈 벌판 빈 하늘에 뿌려진
저 혼에까지 저 숨결에까지 닿도록

우리는 우리의 삶을 불 지필 일이다.
우리는 우리의 숨결을 보탤 일이다.

일렁이는 피와 다 닳아진 살결과
허연 뼈까지를 통째로 보탤 일이다.

▲ 역대 노벨문학상 전시

문학관을 둘러보다 나오는 입구에 역대 노벨문학상 수상자들의 사진과 국적이 드문드문 걸려 있는 장소가 있었다. 마지막 액자에는 사진이 없이 아래 태극기만 선명하게 남겨져 있어 언젠가는 한국의 작가에게 영광이 올 날이 있겠지, 생각하며 미소를 짓고 나왔다. 그런데 역사적 사건이 일어났다. 내가 빈 액자의 주인공을 상상하고 있던 즈음에 한강의 노벨문학상 소식을 전해들은 것이다. 요원하게만 느껴졌던 노벨문학상을 한국의 시인이자 소설가인 한강이 수상하다니 기쁜 마음을 주체할 길이 없었다. 어쩌면 한강도 우리 역사의 아픔을 잘 드러내고 있고, 인권, 정의, 평화를 문학 안에 간직하고 있음을 볼 때 조태일 시인과도 결이 맞닿아 있지 않을까 싶다. 오색 단풍이 우거진 날 문학관에 다시 왔을 때 빈 액자에 한강의 미소 머금은 사진과 태극기 옆에 한강의 이름과 생년월일이 자랑스럽게 채워져 있기를 고대하면서 태안사 숲길을 나왔다.

19.

화순 모후산 유마사 명품 숲길

▼ 모후산 전경도

가을 단풍이 절경이라는 소문을 듣고 모후산 자락 유마사를 찾았다. 비 소식에 몇 차례 망설이다가 10시가 넘어서 집을 나서니 11시 지나 목적지에 도착했다. 송광면을 지나면서 주암호 풍경을 보니 가을 정취가 물씬 풍겨났다.

어머니 품속과 같다는 모후산母后山은 전남 화순군 동복면과 남면, 순천시 주암면과 송광면의 경계에 있는 산으로 산세가 웅장하고 수려하다. 모후산은 백아산 산줄기를 타고 내려와 동복천을 앞에 두고 멈춰 선 곳이다. 해발고도 918.8m 정상에 오르면 주암댐과 무등산, 조계산, 백아산 등을 한 눈에 조망할 수 있다.

이곳은 역사적 아픔을 간직하고 있는 곳이기도 하다. 인근 백아산과 모후산이 비교적 산세가 험하여 빨치산 은거지로 사용되었고, 광복 전까지 후예들이 일부 기거하였으나 모두 주거지가 불태워졌다고 한다. 유마사 또한 빨치산의 본거지라는 이유로 사찰이 모두 소각되고 말았다. 차로 들어오는 입구와 숲길의 단풍잎이 유난히도 빨갛게 물든 것도 아픈 역사와 무관하지 않는 듯하다. 모후산은 정상 외에도 용문재 677m, 유치재 639m, 중봉 804m, 집게봉 766m 등 남도의 산치곤 고봉을 거느리고 나름의 위용을 뽐내고 있다.

명품 생태 숲을 찾아 걸어 올라가다 보니 목재문화체험장이 눈에 들어온다. 오르는 계단부터가 예사롭지 않다. 2015년에 건축되었으나 태풍으로 인해 누수와 손상을 입게 되었다고 한다. 관리사무실, 체험장, 체험실, 제작실 등이 미음(ㅁ)자 구조로 마주보며 서 있다. 개미 목공예로 유명한 김관철 작가의 작품들이 실제로 여럿 전시되어 있다. 1.5cm의 목재로 개미를 만들어 내는 그의 솜씨가 탄성을 자아낸다. 개미 외에도 목재를 마치 진흙 다루듯 탁자와 장식품을 자유자재로 제작해 전시하고 있어 보는 재미가 쏠쏠하다.

목재문화체험장은 사람들에게 목재의 이로움을 널리 알리고, 체험하는 사람들에게 목재감수성을 느낄 수 있는 기회를 주고자 만들어 진 곳이다. 목재는 탄소저장고 역할을 하므로 기후위기 시대에 지구를 지키고, 탄소중립을 체험해 볼 수 있는 멋진 공간이 아닐까 생각해 본다. 나중에 여유가 된다면 공구와 기계를 활용하여 필요한 물건을 직접 제작해 보는 시간을 한번 갖고 싶다.

▲ 목재문화체험장

▲ 생태숲길

목재문화체험장을 돌아서니 명품 숲으로 올라가는 길이 시작되었다. 직선으로 가파른 오르막 길을 인공적으로 조성해 놓은 흔적이 엿보인다. 활엽수 사이에 우뚝 솟은 소나무 기상이 단풍 숲 가운데 드높다.

▲ 아름다운 숲 장려상 푯말

내가 걸었던 이 길이 2008년 아름다운 숲 전국대회에서 장려상을 받았다고 한다. 걸어본 소감으로 어울림상에 걸맞는지는 잘 모르겠다. 수상 여부를 떠나서 명품 숲으로 자리매김하려면 적어도 언제, 어디서나, 누구나 편하게 찾고 싶은 숲이 되어야 할 것이다.

가파른 숲길을 한참 힘겹게 오르자 이내 평탄한 산길이 나타났다. 잡초가 무성하지만 길은 충분히 넓어 자동차 한 대가 지나갈 정도로 잘 닦여 있다. 왼편에 소나무가, 오른편엔 칡넝쿨을 잔뜩 뒤집어 쓴 온갖 활엽수들이 나를 반긴다. 먼발치에 가지런히 대나무 숲도 듬성듬성 보인다. 내가 원래 원하는 방향이 아니라는 예감이 들었지만 달리 대안이 없어 계속 걸어보기로 했다. 가다보면 이정표가 나오겠지. 문득 홀로 산길을 걸으며 문현미 시인의 시를 떠올려 본다.

산길

청빛 바람 그득한 흙길을 걸으면
생각의 잎사귀들이 파파파 넓어진다

그림자가 가벼워지는 시간
영혼에 풀물이 스미는 시간

내 속의 어지러운 나, 우수수 흩어지고
파릇한 정맥에 새 길이 나는 걸 예감할 때

호젓이 야생으로 점화되어
온몸에 속잎이 자라고 꽃이 피어

마침내 나
멀고 가까운 초록 풍경이 된다

▲ 산길

예상대로 능선에 난 평탄한 길을 걷다보니 이정표가 나타났다. 말걸이재는 후곡마을과 유마사를 연결하는 고개다. 말거리재로 향하다 오른편으로 내려가니 편백 나무숲의 장관이 펼쳐진다. 모후산 지형이나 산세로 보아 활엽수가 대부분을 차지할 것으로 생각하였으나 말거리재 가는 후미진 계곡을 사이에 두고 아름드리 편백 나무가 군락을 이루고 있어 새로운 세계가 펼쳐지고 있었다.

▲ 이정표

▲ 편백 숲길

잔가지들이 길을 뒤덮고 있는데다가 길 자체도 아직은 다듬어지지 않은 탓에 편안한 산보라기보다는 거친 탐험을 하는 느낌이었다. 가볍게 걸을 수 없고 탐험할 정도라면 일반 사람들이 와서 걷다 가기엔 부담스럽지 않을까하는 생각이 든다. 고요함과 적막함을 가득 안고 길을 따라 계속 내려왔다. 원래 명품 숲길을 걷고자 왔건만 전혀 반대 방향에 있는 편백 나무 숲길을 발견하여 무작정 걷게 된 셈이다. 우여곡절 끝에 편백 나무숲이 끝나는 지점에서 목재체험장 푯말을 발견하였다. 다시 기점에 돌아와서 깨닫는다. 내가 가고자 하는 명품 숲길은 기점에서 오른쪽이 아니라 왼쪽이었다는 사실을.

목재체험장에서 왼쪽으로 돌아 명품 숲길로 접어들었다. 산등성이로 넓고 편안한 길이 펼쳐져 있다. 떨어진 낙엽이 마치 포근한 솜처럼 발걸음을 가볍게 해 준다. 사각사각 낙엽이 으스러지는 소리에다가 좌우로 간간히 등장하는 오색 물든 단풍잎이 주변을 화사하게 해 준다.

▲ 오색으로 물든 단풍 나무

황갈색이나 연녹색 잎으로 단풍 시기를 힘겹게 넘고 있는 주변 나무들에 비해 붉게 물든 아기 단풍 나무를 바라보며 한참을 서 있었다. 이리저리 다니며 카메라 셔터를 연신 눌러댔다. 분명 이 단풍 나무가 올해 유마사 단풍의 백미를 장식하고 있는 것으로 보인다. 어찌 가벼이 지나칠 수 있을 것인가.

서 있는 나무들의 잎사귀는 여전히 푸름을 간직하고 있는데 발아래 숲길은 낙엽이 이중삼중으로 쌓여 늦가을 정취를 그대로 보여주고 있다. 바윗길 계단으로 올라가면 모후산 정상 쪽으로 오를 것 같아 머뭇거리다가 가던 길을 계속 걷기로 했다. 코로나 시절에 겁 없이 이산저산을 등산하다가 무릎을 다치거나 벌레에 물려 고생을 한 적이 있었다. 60대가 되면서 등산보다는 그냥 산 주변을 가볍게 걷는 것이 좋겠다는 다짐을 하였다. 폭신한 낙엽을 밟으며 한참을 걸어가자 이번에는 낙엽으로 가득 찬 데크길이 나왔다. 명품 숲길이 이어지는 것을 보면서 유마사 숲길이 감춰진 보물이라는 생각을 하였다. 일요일 아침 이렇게 좋은 길을 나 혼자 누리다니 이런 호사가 어디에 있단 말인가. 커다란 활엽수와 그 틈에서 키 작은 침엽수가 한데 어우러져 무성한 나무 숲을 이루고 있다.

▼ 낙엽으로 가득한 명품 숲길

▲ 낙엽으로 가득한 데크길

▲ 단풍 물든 데크길

단풍 드는 날

버려야 할 것이
무엇인지를 아는 순간부터
나무는 가장 아름답게 불탄다
제 삶의 이유였던 것
제 몸의 전부였던 것
아낌없이 버리기로 결심하면서
나무는 생의 절정에 선다

방하착放下着
제가 키워 온,
그러나 이제는 무거워진
제 몸 하나씩 내려놓으면서
가장 황홀한 빛깔로
우리도 물이 드는 날

▲ 계곡 다리 위 단풍의 모습

낙엽으로 가득 찬 데크길을 걸어 내려오는 도중 유마사 늦가을 단풍을 제대로 만났다. 연지를 곱게 바른 새색시 볼모양으로 아기 단풍잎이 새초롬하게 서 있다.

낙엽과 단풍을 보면서 불교의 고귀한 가르침, 방하착放下着을 떠올렸던 도종환의 시가 스쳐지나간 것도 이 다리를 건너는 순간이었다. 나무도 절정의 순간 붉게 자신을 태우다가 결국 땅에 떨어져 흙으로 돌아간다는 평범한 진리를 시인은 일깨워 준다. 인간과 사물에 대한 집착과 인생의 무게를 내려놓고 한 해의 끝자락에서 모든 것을 훌훌 털어버리고 가볍게 살아갈 것을 새삼 다짐해 본다.

모후산은 남북 방향으로 길게 자리하고 있는 산이다. 화순이 중심이 되지만 곡성과 순천의 경계에 위치하고 있으며 매봉산, 밤실산, 운월산 등과도 연결되어 있다. 남으로는 주암호가 장대하게 펼쳐져 있어 정상에서 내려 보면 수려한 호수를 발아래 두고 감상할 수 있다. 산세가 좌우로 분수령을 이루다보니 모후산의 물줄기는 전부 보성강으로 합류된다. 모후산은 흙산으로 산세가 치마폭처럼 넓고 완만하여 계곡이 넓고 물이 풍부하다. 명품 숲길을 걷다가 다리 위에서 힘차게 내려오는 계곡물을 마주했다. 여름에 왔더라면 시원하고 청량한 기분을 느꼈을 터인데, 가을에서 겨울로 넘어가는 문턱이어서인지 흐르는 물이 차갑게 다가왔다. 이끼 낀 바위, 바위 위 낙엽, 죽은 나무 가지가 죽 이어지고 있어 원시적 풍광을 선사해 준다. 유마사 근처로 당도해 보니 계곡물이 모여 제법 큰 내를 이루고 있음을 알 수 있었다. 이 물이 주암호와 상사호를 이루고, 보성강을 지나 섬진강으로 흘러들어 결국 남해 바다로 가는 셈이다.

▼ 모후산 계곡

모후산 유마사 표지석 ▶

유마사는 원래 중국의 요동에서 살다가 남면 유마리에 온 유마운과 그의 딸 보안이 공덕을 쌓으며 살던 절에서 그 이름이 유래한다(강동원 편, 『화순의 전설』, 1982). 유마사에 관한 자세한 내용은 "현의 남쪽 약 7.8km 모후산 아래에 유마사가 있는데 당唐 정관貞觀 원년元年인 627년에 유마운維摩雲이 창건하였으며, 1670년(현종 11) 중건하였고, 부속 암자로는 귀정암貴靜庵·금릉암金陵庵·운성암雲城庵·사자암獅子庵·오미암五味庵·은적암隱寂庵·남굴암南窟庵·동암東庵이 있었으나 지금은 모두 없다"는 기록에서 알 수 있다(1915, 『동복 읍지』).

하지만 유마운에 의한 창건설은 남아 있는 기록이 전혀 없으므로 진위 여부를 확인할 길이 없다. 신라, 고려 시대에도 절이 있었는지는 알 수 없다. 다만 1998년 순천대학교에서 실시한 정밀 지표 조사에서 고려 초기의 해무리굽 청자 파편과 고려 전기의 유물로 판단되는 해련탑, 석탑, 석등 등이 발굴되었다. 이로 미루어 볼 때 최소한 고려 시대 전기에는 상당한 규모의 사찰이 존재하고 있었던 것으로 짐작할 수 있다. 현재의 절터는 1875년 이후에 이루어진 것이며, 쇠락을 거듭하다가 1919년 주지 김영운金榮雲이 봉향각奉香閣을 창건하고, 주당廚堂을 건립하였으며, 1928년에는 주지 오호연吳浩然이 법당 앞에 요사 9칸을 건립하였다. 하지만 6·25 전쟁으로 완전히 소실되었다가 1999년 주지 일장日藏의 주도하에 현재의 도량을 갖추게 되었다고 한다.

유마사를 빠져 나오는데 가을비가 추적추적 내리기 시작했다. 유마사의 숨겨진 역사는 모후산과 오랜 나무만이 알 것이다. 사찰의 창건 신화도 그렇거니와 빨치산에 연루된 아픈 역사를 산과 나무는 아는지 모르는지 더욱 고요하기만 하다. 명품 숲길 아기 단풍은 유독 빨갛게 물들어 있었고, 사찰 입구 은행나무 잎은 유달리 샛노랗게 빛나고 있었다.

20.

영암 월출산 기찬묏길

▼ 천황사 주차장 기찬묏길 표지판

월출산月出山은 소백산맥의 한 지류로 서남 해안에 자리를 하고 있는 험준한 바위산이다. 월출의 지명은 달과 관련이 깊다. 달이 떠오르는 광경을 제일 먼저 볼 수 있는 곳이며, 달밤에 보는 산의 형체가 아름다워 달이 뜨는〔月出〕 산으로 조선 시대부터 불렀다. 월출산의 주봉은 천황봉으로 해발고도 809m를 자랑한다. 이외에도 사자봉, 구정봉, 향로봉, 노적봉, 주지봉 등이 장대한 산세를 이루고 있다.

기찬묏길은 2007년 월출산 기슭에 숲길을 조성하여 탄생하게 되었다. 호남의 소금강이라 불릴 정도로 아름다운 산이지만 산세가 험하여 등산을 할 수 없는 사람도 많은데 남녀노소 누구나 산의 정기를 느끼며 나무와 숲을 체험할 수 있도록 꾸민 것이다. 다양한 코스가 개발되어 있으나 이번에는 천황사 주차장에서 기찬랜드까지 걸을 수 있는 기찬묏길 1구간을 걸어 보기로 했다.

기찬묏길의 숲길은 초입부터 야자수 매트로 단정하게 꾸며져 있다. 그 위에 뒹구는 낙엽을 보니 가을이 절정에 도달했음을 실감하게 된다. 잘 다듬어진 길은 가볍게 걷는 데 안성맞춤이다. 그렇게 가파르지도, 그렇다고 단조롭지도 않다. 약간의 경사 길을 걷다보면 어느새 평지가 나오고, 다시금 내리막길이 나온다. 잘 물든 단풍 나무를 한참 바라보다가 아직도 녹음으로 우거진 숲길을 둘러본다. 11월 중순의 날씨치고 봄날의 언저리에 있다는 착각이 들 정도로 포근하다. 단풍이 다 졌으면 어쩌나 걱정하고 이곳까지 부랴부랴 달려왔건만 아직도 푸른 활엽수가 많이 눈에 띈다.

▼ 기찬묏길 1구간 초입

▲ 단풍나무 사이 나무다리

험준한 바위산 사이로 크고 작은 계곡이 있어서인지 걷는 사이사이 나무로 만든 다리를 만나게 된다. 계곡물이 시원하게 흘러내리지는 않았다. 큰 비가 내려 한꺼번에 빗물이 모일 때 다리 사이 계곡물이 넘쳐흐를 것 같다. 나무다리 근처의 단풍 나무가 붉게 불타고 있고, 그 옆 길게 솟은 침엽수들이 도열하고 있어서인지 나무들의 아름다운 조화가 지나는 이의 발길을 사로잡는다.

다리 옆에 노란 바탕 위에 국가지점번호가 또렷하다. 국가지점번호란 전 국토를 가로, 세로 10m 간격으로 구획한 지점마다 부여한 위치 표시 번호(예: 다라 28224321)다. 이 번호는 도로가 없는 산악·해안가 등에서는 중요한 위치 표시 수단이 된다. 무심코 지나친 표식이 누군가에게는 위급한 상황에서 목숨을 구하는 중요한 수단이 될 수 있다고 생각하니 안전 지킴이가 따로 없다고 여겨졌다. 장마로 갑자기 산행 길에 물이 불어났다거나 날이 저물어 산속에서 길을 잃게 되었을 때 이 번호는 우리에게 얼마나 큰 안도와 위안을 가져다 줄 것인가.

◀ 이정표

숲길 초입부터 천황사가 월출산과 깊은 연관이 있음을 알 수 있다. 천황사는 신라 말 고려 초에 창건된 절로 추정된다. 역사적 기록에 의하면 1597년(선조 30) 정유재란丁酉再亂 때 소실되었다가 1646년(인조 24)에 절이 중창되었음을 알 수 있다. 큰 불로 절이 불타 없어졌다가 1906년 절을 중창하였고, 해방 후 법당 등을 증축하면서 현재의 모습에 이르고 있다. 천황사가 주차장 입구에서 그리 멀지 않은 곳에 있으나 그곳에 오르지 않고 오늘은 기찬 숲길에 집중하기로 했다. 탑동 능선으로 오르는 길목에 탑동약수터가 나를 유혹하였으나 뿌리치고 기찬랜드로 발길을 돌렸다. 기찬랜드까지 가는 길만 꼬박 4km를 걸어야 하니 다시 돌아오려면 체력과 시간을 잘 안배해야겠다는 생각이 들었다.

매번 숲길을 걸을 때마다 이정표를 만나면 가지 못한 길에 대한 호기심과 동경이 늘 나를 설레게 한다. 가던 길이나 헤매지 말고 끝까지 잘 가보자고 다짐한다. 처음 계획한대로 소기의 목적을 달성하고자 난 다시 발걸음을 힘차게 내딛는다. 가다가 단풍 물든 숲의 향연을 보았다. 평평한 흙길위에 낙엽이 어지럽게 흩어져 있고, 길가에는 울긋불긋 단풍 나무와 우뚝 솟은 소나무가 완연한 만추의 정취를 뽐내고 있다.

▲ 만추의 향연

▲ 억새풀 군락

가을에 걷는 기찻뫼길 1구간은 만개한 억새꽃으로 더 빛났다. 숲길의 여정이 다채로웠던 것은 가는 길 내내 무와 배추밭, 화려하거나 초라한 무덤, 주렁주렁 매달려 있는 감나무 등이 심심치 않게 나타나 월출산의 다채로운 모습을 펼쳐 보여주었기 때문이다. 때론 대나무 숲이 터널을 이루는 구간을 걷기도 하였다. 죽림竹林 아래서 서늘한 기운이 들면서 정신이 맑아지고, 몸도 대나무 속처럼 텅 빈 느낌이 들었다. 거침없이 자란 억새풀의 기상이 배경으로 보이는 월출의 바위산과 잘 조화를 이루고 있다는 생각이 들었다. 시인 박인걸이 쓴 '억새풀'을 떠올리며 저 멀리 월출산 천황봉을 바라본다.

억새 풀

억새는 칼날을 곤두세우고
바람 소리를 듣는다.
그날의 아픔을 기억하며
잠 못 이루며 서걱 인다.
방황의 세월을 거슬러 오르며
빳빳한 마음가짐으로
영혼에 푸른 문신을 새기고
탈태脫胎를 다짐했건만
폭풍이 나무를 뽑던 밤
숲이 목 놓아 울 때
푸른 억새의 다짐은
하얀 물거품으로 사라졌다.
그날부터 억새는
억세게 살기로 다짐했다.
바람에 흔들릴 지라도
꼬꾸라지지 않으며
산짐승에 짓밟힐지라도
쓰러지지 않으리라.
입에 문 예리한 칼날이
자신의 몸에 상처를 낼지라도
검은 피를 내 뱉으며
짙푸른 옷에 풀을 먹이고 있다.

▲ 두 갈래길

기찬묏길 1구간은 중간에 두 갈래로 나뉜다. 나는 갈 때는 산 아랫길로 가서 돌아올 때 산 윗길로 돌아오기로 했다. 동일한 길이라도 이런 작은 차이가 주는 기쁨은 크다.

한참 걷다가 데크로 조성된 다리를 지나면서 일정한 간격으로 시화 표지판을 만났다. 영암문인협회에서 정성스럽게 시화 표지판을 만들어 숲길 중간에 설치해 주어 이를 보는 이의 마음을 잔잔하게 적셔준다. 하나라도 놓칠세라 시 하나하나 음미하면서, 또 맘에 드는 시는 카메라에 담으면서 천천히 앞으로 나갔다. 담아온 모든 시를 함께 하고 싶지만 이 가을에 어울리는 한 편을 대표로 소개한다.

단풍

<공보영 지음>

저 산이
붉게 물 든 것은
가을의 수고만은 아니다.

폭설 한 자락
폭우 한 자락
폭염 한 자락
그리고
그리움 열 두 자락

시화 표지판 ▶

산성대 탐방로 입구를 지나자 기찬묏길 맨발 걷기 길이 나타났다. 솔가지가 떨어져 있으나 곱디고운 흙길이라 절로 맨발로 걷고 싶은 충동이 일 정도였다. 황톳길은 월출산 자락에 있는 국민여가캠핑장까지 이어졌다. 평탄한 길로 시작된 이 황톳길은 나무갑판 길, 돌계단 등이 이어지며 다채로운 면모를 보인다. 산능선을 따라 완만했다가, 금세 또 가파른 길이 반복적으로 나타나 걷는 재미를 더해 준다. 길가에 무심히 서 있는 나무들을 보면서 시화 표지판에서 보았던 최인숙의 시가 떠올렸다.

나무의 성품

나무는
가을이 되면
잎을 떨어내어
발등에 뿌리고
겨울 내내
숨을 고르고
제 몸을 성찰한다.

두 갈래길 ▼

▲ 초현실적인 단풍 나무

기찬랜드에 다다를 무렵 목적지를 향해 급히 걷다가 계곡 옆 단풍 나무 한 그루에 눈이 갔다. 마치 디지털 화면에 영상으로 구현된 듯한 나무의 모습이 눈앞에 가까이 나타난 것이다. 단풍은 절정을 막 지나고 있어서인지 붉은 빛이 빠진 모습이다. 얼마간 거리를 두고 보니 터치 펜으로 사이버 공간에 표현했을 법한 질감이 느껴졌다. 새삼 자연의 오묘한 이치와 질서에 놀라움을 금치 못했다. 한 그루 단풍 나무를 아름답게 느낀 것은 비단 그 나무 자체에 끌려서만은 아닐 것이다. 노랗게 물든 활엽수와 여전히 녹색을 간직하고 있는 옆 나무들과 조화롭게 서 있었기 때문일 것이다. 시화 표지판에서 보았던 김은순의 시가 입가에 맴도는 순간이었다.

▲ 오메, 단풍들었네

오메, 단풍들었네

가을을 재촉하는 비

뜬눈으로 밤을 새고

귀뚜라미 어치

밤새 가을을 부르더니

초록 머리 위에 붉은 모자

오메

단풍들었네

'오메, 단풍들었네'라는 시를 마주한 순간 반사적으로 전남 강진 출신의 시인 김영랑(1903~1950)의 시를 떠올렸다. 영랑 또한 아름다운 가락과 섬세한 서정성으로 가을 정취를 맛깔스럽게 표현하지 않았던가. 전라도 방언에서 등장하는 '오매'라는 표현은 얼마나 정겹고 사랑스러운지 모른다. 계절의 변화 속에서 누이에 대한 애틋한 사랑, 추석에 대한 걱정 등이 마음 속 깊숙이 전해져 온다.

오매 단풍 들것네

"오매, 단풍 들것네."
장광에 골 붉은 감잎 날아 오아
누이는 놀란 듯이 치어다보며
"오매, 단풍 들것네."

추석이 내일 모레 기둘리니
바람이 자지어서 걱정이리
누이의 마음아 나를 보아라
"오매, 단풍 들것네."
(『시문학』 창간호, 1930.3)

기찬랜드에 다가오면서 평지가 나타났다. 단정한 길 위에 낙엽이 수북이 쌓여 있다. 길가로는 난초와 같은 식물이 군데군데 자라고 있다. 길을 걷자니 바스락거리는 낙엽소리가 귓가를 맴돈다. 가는 길 오른편에 작지만 새색시 화장하듯 빨갛게 물든 단풍 나무가 활짝 웃고 있다. 반대편 더 큰 단풍 나무들은 아직도 잎이 새파란 상태라 신록의 기운이 느껴지는 데 저 혼자 아름다운 자태를 실컷 뽐내고 있다. 자연이 선사한 청사초롱과도 같은 툭 트인 길을 따라 기찬랜드로 서둘러 발걸음을 내딛는다.

▼나무의 청사초롱

아름다운,
남도의 숲길을 찾아서

1판 1쇄 2025년 11월 4일

저자 손승남
발행인 이경화

발행처 디자인21
주소 04560 서울특별시 중구 퇴계로 293-1 3층
전화 02-2269-6561(대)
팩스 02-2269-6568
e-mail 21publish@naver.com
블로그 https://blog.naver.com/publish21
인스타 https://www.instagram.com/21publish.co.kr
홈페이지 https://21publish.co.kr

등록번호 제1-1128호
등록일자 1991. 2. 12

ISBN 978-89-6131-193-9 03980

정가 25,000원